RUDOLF STEINER GESAMTAUSGABE
VORTRÄGE

VORTRÄGE VOR MITGLIEDERN
DER ANTHROPOSOPHISCHEN GESELLSCHAFT

W0065208

RUDOLF STEINER

Wie erwirbt man sich Verständnis für die geistige Welt?

Das Einfließen geistiger Impulse aus der Welt der Verstorbenen

Sieben Vorträge, gehalten in
verschiedenen Städten zwischen dem
17. April und 26. Mai 1914

1973

RUDOLF STEINER VERLAG
DORNACH/SCHWEIZ

Nach vom Vortragenden nicht durchgesehenen Nachschriften
herausgegeben von der Rudolf Steiner-Nachlaßverwaltung
Die Herausgabe besorgte Hendrik Knobel

1. Auflage Gesamtausgabe Dornach 1973

2, ii 1985

Früher erschienene Einzelausgaben:

Berlin, 18. April und 12. Mai 1914: «Wie erwirbt man sich Verständnis für die geistige Welt?», Berlin 1919

Berlin, 26. April 1914: in «Robert Hamerling, ein Dichter und
ein Denker und ein Mensch», Dornach 1939

Basel, 5. Mai 1914 (ohne den Schluß): in «Rudolf Steiner und
unsere Toten», Dornach 1935

Abdrucke in Zeitschriften siehe Seite 135

Bibliographie-Nr. 154

Printed in Switzerland by Zbinden Druck und Verlag AG, Basel
ISBN 3-7274-1540-1

Über den Charakter dieser Privatdrucke äußert sich Rudolf Steiner in seiner Selbstbiographie «Mein Lebensgang» (35. und 26. Kapitel, März 1925) folgendermaßen:

«Als mündliche, nicht zum Druck bestimmte Mitteilungen waren die Inhalte dieser Drucke gemeint ...

Es ist nirgends auch nur in geringstem Maße etwas gesagt, was nicht reinstes Ergebnis der sich aufbauenden Anthroposophie wäre ... Wer diese Privatdrucke liest, kann sie im vollsten Sinne eben als das nehmen, was Anthroposophie zu sagen hat. Deshalb konnte ja auch ohne Bedenken ... von der Einrichtung abgegangen werden, diese Drucke nur im Kreise der Mitgliedschaft zu verbreiten. Es wird eben nur hingenommen werden müssen, daß in den von mir nicht nachgesehenen Vorlagen sich Fehlerhaftes findet.

Ein Urteil über den Inhalt eines solchen Privatdruckes wird ja allerdings nur demjenigen zugestanden werden können, der kennt, was als Urteils-Voraussetzung angenommen wird. Und das ist für die allermeisten dieser Drucke *mindestens* die anthroposophische Erkenntnis des Menschen, des Kosmos, insofern sein Wesen in der Anthroposophie dargestellt wird, und dessen, was als ‹anthroposophische Geschichte› in den Mitteilungen aus der Geist-Welt sich findet.»

INHALT

Wie erwirbt man sich Verständnis für die geistige Welt? (I)

Vom Wesen des Traumes. Über die Halluzination. Äthersubstanz und
verstärkte Seelenkraft. Vom okkulten Schreiben. Gewöhnliches und
übersinnliches Denken. Die alten Religionsstifter und die neuere Geisteswissenschaft. Das Wesen des Christus. Weiteres über den Traum.
Das Wesen des Astralleibes. Die Ich-Vorstellung als Schwerpunkt des
Geist-Erlebens. Atavistisches Hellsehen und gesundes Urteilen. Klare
Vorstellungen als Bedingung zur Geisteswissenschaft.

Berlin, 18. April 1914   9

Robert Hamerling, ein Dichter und ein Denker und ein Mensch

Berlin, 26. April 1914   28

Die Erweckung spiritueller Gedanken als Zeitforderung

Über den Schlaf. Der Gegensatz von Blut und Nerven und dem
übrigen Organismus im Schlaf. Bazillen und Gespenster. Wesen der
Bazillen. Spirituelle Gedanken als Nahrung für die Toten. Über-
windung des Egoismus im Verhältnis zu den Toten. Über den Tod
eines Freundes (Christian Morgenstern). Die Religionsstifter und
ihre Bedeutung. Das Mündigwerden der modernen Menschheit. Die
Christus-Tat. Das Wesen der äußeren Welt. Der tiefere Gedanke des
Dornacher Baues. Die Entwickelung des Denkens als Aufgabe unserer Zeit. Ausschluß eines Mitgliedes und die Begründung dieses Vor-
gehens.   *Ahriman 59–60*

Basel, 5. Mai 1914   42

Wie erwirbt man sich Verständnis für die geistige Welt? (II)

Johann Gottlieb Fichtes Verhältnis zur geistigen Welt und zu seiner
menschlichen Umwelt. Unterschied von sinnlichem und geistigem
Wahrnehmen. Das Schicksal einer befreundeten Persönlichkeit (Maria von Strauch-Spettini) und ihr Aufsteigen zum Schutzgeist der
Mysteriendramen. Der verstorbene Dichterfreund (Christian Morgenstern) und sein Wesen im Leben nach dem Tode. Die Darstellung
des Dornacher Baues in der Weltpresse. Die Bildung des Urteils aus
der Geisteswissenschaft selber heraus.

Berlin, 12. Mai 1914   64

Das Hereinwirken der geistigen Welt in unser Dasein

Das hellsichtige Bewußtsein und der Traum. Verschiedenheit der
Gestalt und der Handlungsweise beim Verstorbenen. Das Aneignen
neuer Begriffe zum Verstehen der geistigen Welt. Eine verstorbene
Persönlichkeit (Maria von Strauch-Spettini) als Schutzpatronin der
Mysterienaufführungen. Die Jungfrau von Orleans. Vom Erleben
der Angeloi (Milde) und der Archangeloi (Stärke). Das Wesen eines
verstorbenen Dichterfreundes (Christian Morgenstern) nach dem
Tode. Das Erleben der geistigen Welt. Angeloi, Archangeloi, Luzifer
und Ahriman. Wandlung der Erlebnisse in der physischen und geistigen Welt. Die Bereicherung des Vorstellungslebens. Wesen des
Dornacher Baues. Die Grundsubstanz der anthroposophischen Bewegung. Die Eröffnung des Baues.

Paris, 25. Mai 1914 82

Die Geisteswissenschaft als Zusammenfassung von Wissenschaft,
Intelligenz und hellsichtiger Forschung

Geisteswissenschaft als «geistige Chemie». Konzentration und Meditation. Das Wahrnehmen des inneren Wortes. Illusion und Selbsterkenntnis. Das Wesen der Begegnung mit Verstorbenen. Befruch-
tung des eigenen Fühlens und Wollens durch eine verstorbene Freun-
din (Oda Waller). Die Verselbständigung des Denkens. Ausbildung
der Logik in der hellsichtigen Erkenntnis. Die Konkordanz zwischen
Intelligenz und Hellsehen. Räumliches und zeitliches Firmament,
ihre Durchstoßung bei Giordano Bruno und in der Geisteswissenschaft. Grenzen des Erkennens und ihre Widerlegung. Das Wesen
der Geisteswissenschaft als Zusammenfassung von Wissenschaft, Intelligenz und hellsichtiger Forschung.

Öffentlicher Vortrag, Paris, 26. Mai 1914 105

Glauben und Wissen. Johannifest und Osterfest

Die großen Religionsstifter und ihre Aufgabe. Verzehrende und auf-
bauende Vorstellungen. Das frühere «Ich glaube» und das heutige
«Ich glaube, was ich weiß». Max Müllers Ausspruch über die göttliche Verkündigung. Der Mensch als leuchtende Wesenheit nach dem
Tode. Die Bedeutung von Mythen und Märchen für das Leben. Begegnung mit zwei Priestern. Der Sehprozeß. Tote und lebendige Vorstellungen. Der Spruch «In einem gesunden Leib wohnt eine gesunde
Seele». Die Anschauung der Sinnesempfindung als Wellenbewegung.
Johannifest und Osterfest.

Notizen aus dem Vortrag, Prag, 17. April 1914 126

Hinweise 135

Übersicht über die Rudolf Steiner Gesamtausgabe 141

WIE ERWIRBT MAN SICH VERSTÄNDNIS FÜR DIE GEISTIGE WELT? (I)

Berlin, 18. April 1914

Wenn Sie einen Traum haben und an den Traum sich erinnern, so ist Ihnen, wenn eine möglichst deutliche Erinnerung an den Traum stattfindet, wie das ja in zahlreichen Fällen vorkommt, wohl ohne weiteres klar, daß Sie, während der Traum abfließt, gleichsam Beobachter sind, aber ohne daß Sie während dieser Beobachtung ein deutliches Ich-Bewußtsein haben von den Bildern, die webend an der Seele vorüberziehen. Wie gesagt, immer muß die Voraussetzung gemacht werden, daß im Traume das Ich-Bewußtsein nicht so deutlich auftritt wie im Wachbewußtsein. Diese Bilder, die webend an der Seele vorüberziehen, stellen dar Szenen, Bilderfolgen, welche dem Träumenden entweder gut bekannt sind, indem sie an Erlebnisse früherer Tage oder der letzten Zeit anknüpfen, oder die wohl auch solche Erlebnisse in der mannigfaltigsten Weise verändern, sie in ihren Formen so stark verändern, daß ein bestimmtes Erlebnis nicht wiedererkannt wird und man etwas völlig anderes zu träumen glaubt. Auch das kommt vor, daß man Träume hat, die nicht an Erlebnisse anknüpfen, die also gleichsam etwas völlig Neues vorstellen gegenüber den Erlebnissen, die man durchgemacht hat. Aber jedesmal wird man die Empfindung haben: Eine Art lebender, webender Bilder seien an der Seele vorbeigezogen, haben sich der Seele geoffenbart. – Und an diese Erlebnisse wird man sich nach dem Aufwachen erinnern. Es wird Träume geben, die man länger im Gedächtnis behält, und es wird solche Träume geben, die dadurch, daß man wieder an die Erlebnisse des Tages herantritt, wie ausgelöscht sind.

Nun wollen wir uns einmal heute die Frage beantworten: Worin nehmen wir denn eigentlich solche webenden Träume wahr? Wenn wir im Wachzustande in der physischen Welt sind, dann wissen wir, wir nehmen in der Welt, die wir die physische Welt nennen, das wahr, was wir eben wahrnehmen. Was ist denn gleichsam die Substanz, der Stoff – wie es also die Vorgänge, die materiellen Dinge der physischen

Welt im Wachzustande sind –, in welchem wir wahrnehmen, indem wir träumen? Es ist dasjenige, was wir die Ätherwelt nennen, der sich in der ganzen Welt ausdehnende Äther mit seinen inneren Vorgängen, mit alledem, was in ihm lebt. Das ist gleichsam das Substantielle, in dem wir wahrnehmen, wenn wir träumen. In der Regel aber nehmen wir wahr, indem wir träumen, nur einen ganz bestimmten Teil der Ätherwelt. Wie uns ja die ätherische Welt im Wachzustande, wenn wir physisch wahrnehmen, verschlossen ist im gewöhnlichen Leben, wie der Äther um uns herum ist, ohne daß wir ihn durch unsere physischen Sinne wahrnehmen, so bleibt auch für das gewöhnliche Träumen der Äther, der um uns herum ist, unwahrnehmbar. Nur dasjenige Stück der Ätherwelt tritt gleichsam vor uns auf, wenn wir träumen, was unser eigener Ätherleib ist. Wir sind ja, wenn wir schlafen, außerhalb unseres physischen Leibes und unseres Ätherleibes. Und darin besteht nun der gewöhnliche Traum, daß wir mit dem, worin wir außerhalb unseres physischen Leibes und Ätherleibes sind, mit dem astralischen Leib und dem Ich, gleichsam auf das zurückschauen, woraus wir im Schlafe herausgestiegen sind, aber daß uns bei diesem Anschauen unser selbst nicht der physische Leib zum Bewußtsein kommt, wir uns daher auch nicht der physischen Sinne bedienen, sondern daß wir gleichsam zurückschauen, mit Außerachtlassung unseres physischen Leibes, nur auf unseren Ätherleib. Es sind also im Grunde genommen die Vorgänge unseres Ätherleibes, die an irgendeiner Stelle ihren Schleier lüften und die uns als Traum erscheinen. Die meisten Träume sind eben durchaus so, daß der Mensch in der Tat aus dem Schlafe auf seinen eigenen Ätherleib schaut, und daß ihm ein Stück der ungemein komplizierten Vorgänge des eigenen Ätherleibes zum Bewußtsein kommt, und daß dies den Traum ausmacht.

Dieser unser eigener Ätherleib, der also ein Stück von uns selbst ist, ist etwas außerordentlich Kompliziertes. In ihm sind zum Beispiel enthalten, immer gegenwärtig enthalten, alle Erinnerungen. Auch dasjenige, was tief hinuntergestiegen ist in die Untergründe der Seele, was im gewöhnlichen Tagesbewußtsein nicht in unser Bewußtsein kommt, im Ätherleibe ist es in irgendeiner Weise immer enthalten. Unser ganzes bisheriges Leben in unserer diesmaligen Inkarnation ist im Ätherleibe enthalten, ist wirklich da drinnen. Selbstverständlich muß zugegeben werden, daß es außerordentlich schwierig ist, das vorzustellen. Aber es ist trotzdem so. Denken Sie sich einmal, Sie würden zum Beispiel den ganzen Tag über reden – manche Leute tun ja das –, und alles, was Sie reden, würde sich durch irgendeinen Mechanismus in eine Phonographenplatte einschreiben. Wenn Sie so viel geredet haben, daß die Phonographenplatte voll ist, legen Sie dieselbe beiseite, nehmen eine zweite, wenn diese voll ist, eine dritte und so weiter. Sie nehmen also mehr oder weniger solcher Platten, je nachdem Sie mehr oder weniger reden. Ein anderer, nehmen wir an, würde nun eine jede Platte in einen Phonographen hineinlegen, und am Abend würden alle Platten hübsch darinnen sein. Alles, was Sie während des Tages geredet haben, würde am Abend in dem Phonographen sein. Würde nun jemand in der Lage sein, das Gesprochene aus dem Phonographen abrollen zu lassen, dann würde alles herauskommen, was Sie tagsüber geredet haben. So steckt alles, was unsere Erinnerungen sind, immer im Ätherleibe gegenwärtig darinnen. Und nehmen wir an, durch die besonderen Verhältnisse des Schlafes würde – halten wir den Vergleich fest – ein Teil der Bestandteile des Ätherleibes so vor unsere Seele hintreten, wie wenn man einen Teil der Phonographenplatten herausnehmen und abrollen lassen würde, so würde das dann der Traum sein, diejenigen Träume, die am weitaus häufigsten sind. Also wir weben mit unserem Bewußtsein in unserem eigenen Ätherleib.

In einer ähnlichen Weise gilt dasselbe für viele Halluzinationen, die vor der menschlichen Seele auftreten. Solche Halluzinationen sind in der Regel auch dadurch hervorgerufen, daß der Mensch mit seinem Ich und seinem astralischen Leibe, die dann im physischen Leibe drinnen stecken, dennoch gewissermaßen ein herausgerissenes Stück seines Ätherleibes sehen kann. Das kommt auf folgende Weise zustande. Denken Sie sich, irgend etwas in Ihrem physischen Leib ist krank, zum Beispiel etwas am Nervensystem oder dergleichen. Dann kann der Ätherleib an der Stelle, wo das Nervensystem krank ist, nicht eingreifen; er ist gleichsam herausgeworfen. Der Ätherleib selbst ist gar nicht krank, aber er ist herausgespannt aus dem physischen Leibe an einer bestimmten Stelle. Würde er eingespannt sein, dann würde sich alles so abspielen wie im normalen Bewußtsein. Es käme uns nicht zum Bewußtsein, daß der physische Leib krank ist. Wenn der Ätherleib an dieser Stelle nicht eingreifen kann, und wenn das, was da ist und worin der Ätherleib nicht eingreifen kann, dem Ätherleibe entgegenleuchtet, dann kommt das als Halluzination zum Bewußtsein.

Genau dieselbe Substanz, aus welcher uns der Traum oder die Halluzination erscheinen, umgibt uns allüberall in der Welt. Es ist die Äthersubstanz. Und aus der Äthersubstanz, die uns umgibt, ist gleichsam unser eigener Ätherleib wie ein Stück herausgeschnitten. Wenn wir nun durch die Pforte des Todes gegangen sind, den physischen Leib abgelegt haben, so machen wir den Weg durch die Äthersubstanz durch. Im Grunde genommen kommen wir gar nicht auf dem ganzen Wege zwischen Tod und neuer Geburt aus der Äthersubstanz heraus. Denn diese Äthersubstanz ist überall und wir müssen durch sie durch, wir sind in derselben. Wir haben ja einige Zeit nach dem Tode auch unseren eigenen Ätherleib abgelegt. Der löst sich gerade in diese äußere Äthersubstanz auf. Die Fähigkeit, in dieser äußeren Äthersubstanz nun auch wahrzunehmen, hat der Mensch im gewöhnlichen Leben zunächst nicht. Daher tritt dasjenige nicht auf, was ein Wahrnehmen sein würde – jetzt nicht in der physischen Welt, sondern in der Ätherwelt. Durch das Träumen wird der Mensch gleichsam bekanntgemacht mit einer auf ihn selbst angewiesenen Wahrnehmung des Ätherischen.

Nun hängt das wirkliche Wahrnehmen in der uns umgebenden Ätherwelt von etwas ganz Bestimmtem ab. Wenn der Mensch nach dem Tode wirklich wahrnimmt in der ihn umgebenden Ätherwelt, oder wenn er sich so entwickelt, daß bei ihm hellseherisch die Imaginationen auftreten – denn das heißt auch: er nimmt wahr in der ihn umgebenden Ätherwelt –, so muß er eine stärkere Kraft haben, als er im gewöhnlichen Leben zwischen Geburt und Tod hat, eine stärkere innere Seelenkraft. Deshalb nehmen wir nicht wahr in der uns umgebenden Ätherwelt, weil unsere Seelenkraft zu gering ist, um darin wahrzunehmen. Wir müssen uns viel aktiver, tätiger machen, als wir es für das gewöhnliche Leben brauchen, um in der Ätherwelt wahrzunehmen. Wir müssen auch in unserer Seele eine viel tätigere Kraft nach dem Tode haben, als wir im gewöhnlichen Leben haben, damit wir eine Umgebung nach dem Tode um uns haben können. Sonst ist der Äther um uns herum und wir nehmen ihn nicht wahr. Es wäre das so, wie wenn wir im gewöhnlichen Leben keinen einzigen Sinn hätten. So muß der Mensch also eine tätigere, aktivere Seelenkraft haben, damit er sich nach dem Tode behelfen kann, damit er nach dem Tode nicht, bildlich gesprochen, taub und blind ist für die Welt, in die er eintritt. Aber wenn man sich eine Vorstellung machen will von der Art, wie nun die Seele nach dem Tode wahrnimmt, oder nachdem sie die Fähigkeit erlangt hat, die Kräfte der Imagination zu entfalten, so kann man sich vorstellen, wie diese Fähigkeit der Seele sein muß, wenn man zunächst einen Vergleich wählt. Dieser Vergleich kann vom Schreiben genommen werden. Wenn Sie etwas aufschreiben, dann bedeutet das doch etwas, was Sie aufschreiben. Das drückt etwas aus. Es ist etwas dahinter hinter dem, was Sie aufschreiben. Und dennoch, Sie haben selber erst die Zeichen dafür gemacht. Und wenn das wahr sein soll, wenn es einer objektiven Sache entsprechen soll, was Sie aufgeschrieben haben, so können Sie das natürlich bewirken. Wenn Sie durch einen Brief einem Freunde diese oder jene Tatsache mitteilen wollen und Sie schreiben das auf, damit der Freund in der Ferne es lesen kann, so haben Sie die Zeichen erst hingesetzt, wodurch der Freund, wenn er die Zeichen entziffert, die Tatsache kennenlernt. Wenn nun jemand kommen würde und sagte: Das kann doch unter allen Umständen nicht wahr sein Denn das steht nicht auf eine objektive Weise in die Welt hineingezeichnet. Das hat jemand erst aufgezeichnet und das kann keiner objektiven Tatsache entsprechen –, so redet ein solcher Unsinn. Geradeso wie Sie eine objektive Tatsache bezeichnen, wenn Sie schreiben, indem Sie dabei die Zeichen erst hinsetzen, so ist es beim imaginativen Sehen in der imaginativen Welt. Sie müssen tätig sein. Sie müssen das erst hinsetzen, was Ihnen Zeichen ist für die objektiven Vorgänge der geistigen Welt, und Sie müssen ein Bewußtsein haben, daß Sie das hinsetzen. Daß Sie es hinsetzen, hängt davon ab, daß Sie die nötige Kraft haben, lebendig in der geistigen Wirklichkeit drinnenzustecken, so daß diese Sie anregt, Wahres und nicht Falsches hinzusetzen. Aber die Tatsache ist, daß man weiß: man setzt das hin.

Ich will das noch auf eine andere Weise zu charakterisieren versuchen. Gehen wir zum Traum zurück. Wenn man im gewöhnlichen Leben träumt, so hat man die Empfindung, die Traumbilder «weben», spielen sich so ab. Denken Sie, was Sie vorstellen müssen von diesen Träumen: Die Traumbilder schweben so vor meiner Seele vorbei. – Das ist die Vorstellung, die Sie haben müssen. Denken Sie nun, Sie hätten nicht diese Vorstellung, sondern die andere: Sie setzten selber die Traumbilder in den Raum und in die Zeit hinein, wie Sie die Buchstaben auf das Papier setzen. Diese Vorstellung hat man beim gewöhnlichen Träumen und auch bei Halluzinationen nicht. Man muß aber dieses Bewußtsein beim imaginativen Vorstellen haben. Da muß man das Bewußtsein haben: Du bist die waltende Macht in deinen Träumen. Du setzt das eine hin und fügst das andere dazu, wie man auf ein Papier etwas aufschreibt. Du bist die waltende Macht, du machst es selbst. Nur die Kraft, die hinter dir ist, wie beim Schreiben, ist die, welche macht, daß es wahr ist, was du aufschreibst. – Das muß man sich klarmachen, daß der große Unterschied zwischen Träumen, Halluzinationen und wirklicher Hellsichtigkeit darin besteht, daß man bei letzterer überall das Bewußtsein hat, man ist sozusagen der okkulte Schreiber. Was man sieht, das wird aufgezeichnet als eine okkulte Schrift. Man schreibt das hin in die Welt, was einem ein Ausdruck, eine Offenbarung der Welt ist. Sie könnten natürlich sagen: Dann brauchte man das nicht aufschreiben, denn das weiß man ja vorher. Warum soll man es aufschreiben? – Das ist aber nicht wahr. Denn der, der dann schreibt, ist man nicht selber, sondern das ist die Wesenheit der nächststehenden höheren Hierarchie. Man gibt sich der Wesenheit der nächststehenden höheren Hierarchie hin, und das ist die Kraft, die in einem waltet. Man schreibt ganz in einem inneren Seelenvorgange das auf, was durch einen waltet. Und indem man es dann anschaut, dieses Geschriebene in der okkulten Schrift, offenbart sich einem das, was zum Ausdruck kommen soll.

Sie sehen jetzt, warum in öffentlichen Vorträgen so vielfach darauf hingewiesen worden ist, wie die Entwickelung zum Hellsehertum darauf beruht, daß alles Wahrnehmen ein aktives, ein tätiges wird, daß es nicht, was für die Erkenntnis der physischen Welt richtig ist, bei dem passiven Hingegebensein an die Welt bleibt. So lernt man allmählich

14

das wirklich innerlich verstehen, was schon im Anfange unseres anthroposophischen Lebens die «Erlernung der okkulten Schrift» genannt worden ist, und was ich wieder genauer beschrieben habe in meiner Schrift «Die Schwelle der geistigen Welt». Die Seelenkraft, die nötig ist, um in den geistigen Raum und in die geistige Zeit die okkulten Schriftzeichen hineinzuschreiben, ist eine stärkere, kräftigere, gewaltigere Seelenkraft, muß stärker, kräftiger, gewaltiger sein als die Seelenkraft, die wir im gewöhnlichen Leben zum Wahrnehmen anwenden. Und diese Kraft müssen wir haben, wenn wir durch die Pforte des Todes durchgegangen sind. Wer sich das imaginative Hellsehen aneignen will, bildet durch seine Meditationen diese Kraft aus, er erlangt sie allmählich. Er kommt dadurch zu dem, was eben beschrieben worden ist, das heißt, er kommt zu einem Erleben, bei dem er weiß, daß er sich in einer Welt befindet, von der ein schwacher Abglanz das Träumen ist, aber sich so darinnen befindet, daß er mit seinen Träumen waltet, wie man waltet, wenn man einen Tisch oder einen Schuh macht, wobei man auch Stück für Stück zusammenfügt und so weiter. Wenn so viele Menschen immer wieder und wieder damit kommen, daß sie sagen: Nun bemühe ich mich ja mit allem möglichen Meditieren. Ich komme aber gar nicht dahin, hellseherisch zu werden –, so beruht das auf der einfachen Tatsache, daß die Menschen das gar nicht wollen, was ich jetzt auseinandergesetzt habe, daß sie froh sind, wenn sie es nicht brauchen. Sie *wollen* nicht innerlich aktive Seelenkraft entwikkeln, sondern sie wollen Hellseher werden, ohne daß sie sich eine stärkere Seelenkraft aneignen müssen. Sie wollen, daß das Tableau, das durch ihre Hellsichtigkeit vor ihnen auftritt, sich ganz von selber vor ihnen aufrichtet. Dann aber ist es gar nichts weiter als Halluzination oder Traum. Ein Stück Ätherwelt – wenn ich mich jetzt drastisch ausdrücken will –, das man sich nehmen kann von einem Orte, mit den ätherischen Fühlhörnern ergreifen und an eine andere Stelle setzen kann, ein solches Stück Ätherwelt ist nun der Traum. Das gehört gar nicht in das wirkliche Hellsehen hinein. In dem Erleben des wirklichen Hellsehens fühlt man sich gerade so darinnen, wie man sich fühlt, wenn man in der physischen Welt auf dem Papier schreibt, nur daß man, wenn man in der physischen Welt auf dem Papier schreiben will, erst wissen muß, was man aufschreiben will – jedenfalls ist es in den meisten Fällen gut, wenn man es weiß –, währenddem man beim geistigen Wahrnehmen die Wesenheiten der geistigen Hierarchien schreiben läßt, und einem erst, indem man es tätig hinschreibt, das erscheint, was wahrgenommen werden soll. Aber ohne an jedem Atom dessen, was man schaut, selber tätigen Anteil zu haben, selber tätig dabei zu sein, kommt kein wirkliches Hellsehen zustande.

Und solche Kraft, um wirklich in die Ätherwelt hineinschreiben zu können, brauchen wir auch, wenn wir durch die Pforte des Todes gegangen sind. All das Denken, das wir in der gewöhnlichen physischen Welt haben und das uns in derselben dient, taugt nichts zu solchem Wahrnehmen nach dem Tode. Es kann einer ein noch so gescheiter Mensch sein und scharfsinnig über die Dinge der physischen Welt denken können, das hilft ihm gar nichts nach dem Tode. Denn diese Kraft des Denkens ist viel zu schwach, als daß man damit würde in die Ätherwelt hineinschreiben können. Alle Vorstellungen, die man entwickelt und die sich auf physische Dinge beziehen, entstammen einer solchen schwachen Denkkraft, welche uns nach dem Tode nicht nützen würde. Wir müssen eine stärkere Denkkraft haben, eine Denkkraft, die sich im Inneren selber betätigt, eine Denkkraft, die sich, mit anderen Worten, Gedanken macht, ohne daß diese Gedanken etwas Äußeres, in der Sinneswelt Befindliches, abbilden. Würden wir nicht im Inneren etwas haben, was uns dazu führt, uns Gedanken zu machen, die nichts Äußeres abbilden, sondern die innerlich sich gleichsam aus den Untergründen unserer Seele heraufheben, würden wir nicht die Fähigkeit haben, solche Gedanken uns zu machen, so würden wir nach dem Tode keine entsprechende Fähigkeit haben können.

Nun könnte jemand sagen: Also könnte man alles mögliche zusammendenken, zusammenphantasieren. Man könnte seine Phantasiekraft möglichst anspannen, um sich recht viele Phantasiegedanken zu machen, die gar nichts Äußeres abbilden. Dann würde man ja eine gute Vorbereitung haben, um die nötige Denkkraft nach dem Tode zu entwickeln. – Es könnte also sein, daß jemand sagen würde: Ich will viel Denkkraft nach dem Tode haben. Also stelle ich mir vor geflügelte Drachen, die es gar nicht gibt, schauderhafte Tiere und so weiter. Alles dieses stelle ich mir vor, denn ich will nicht am Gängelbande der äußeren Vorstellungen sein, sondern stelle mir die buntesten Dinge zusammen. Dadurch entwickele ich eine innere Denkkraft und bereite mich dadurch vor, ein erstarktes Denken nach dem Tode zu haben. – Es ist gar nicht zu leugnen: Wenn jemand das täte, so würde er mehr Fähigkeiten haben in der Welt nach dem Tode, als jemand, der es nicht tut. Aber er würde lauter Falsches, nur Zerrbilder wahrnehmen, wie jemand, der ein krankes Auge hat, die physische Welt falsch wahrnehmen muß, oder wie jemand, der ein krankes Ohr hat, die Töne der physischen Welt falsch wahrnehmen muß. Wer also so etwas täte, würde sich nur dazu verurteilen, in der ätherischen Welt immer das grotesteste Zeug wahrzunehmen, aber nicht das, was wahrhaft in der Ätherwelt wurzelt.

In den verflossenen Zeiten der Menschheitsentwickelung wurde nun immer dafür gesorgt, daß die Menschen Vorstellungen hatten, die nicht der physischen Welt entlehnt waren, die aber auch nicht in einer solchen Weise, wie es eben beschrieben worden ist, ebenso willkürlich und phantastisch erschaffen worden sind. Es waren die großen Religionsstifter, die im Laufe der Menschheitsentwickelung aufgetreten sind, die dafür sorgten, daß die Menschen solche nicht der physischen Welt entlehnte Vorstellungen hatten. Indem sie nach den ihnen möglichen Methoden den Menschen solche Vorstellungen überlieferten, die sich nicht auf die physische Welt, sondern auf die übersinnlichen Welten bezogen, konnten die Menschen, wenn sie ihren Religionsstiftern folgten, Vorstellungen entwickeln, die nicht am Gängelbande der äußeren Sinneswelt gebildet waren, die aber doch wahr waren, weil sie aus der übersinnlichen Welt herausgeholt waren. Das ist die große, gewaltige Erziehung des Menschengeschlechtes durch die Religionsstifter, von der man sagen kann, wenn man sie ganz richtig charakterisieren will: Die Religionsstifter haben sich die Aufgabe gestellt, den Menschen solche Vorstellungen zu überliefern, die ihnen ein Denken gaben, durch das die Menschen nicht geistig blind und taub nach dem Tode in der geistigen Welt ankamen. So sehen wir, wie die Religionsstifter dafür gesorgt haben, daß die Menschen gewissermaßen ganz lebendig, ganz bewußt sind, daß sie nicht bloß ein Bewußtsein haben, das erlischt oder abdämmert in der Todesstunde, oder das unrichtig ist nach der Todesstunde.

Nun leben wir aber – von anderen Seiten aus ist das öfter charakterisiert worden – gegenwärtig in einem Entwickelungszyklus des menschlichen Werdens, in welchem die Menschen gleichsam mündig werden sollen so, daß nicht mehr in der alten Weise die Religionsstifter auftreten werden und an den Glauben der Menschen appellieren werden. Das sind vergangene Zeiten, obwohl selbstverständlich diese alten Zeiten in unsere Gegenwart hereinragen und gegenwärtig nur angefangen werden kann mit einer kleineren Anzahl von Menschen, sozusagen das neue Leben zu erleben, und die Menschen nur schwer nachkommen, sich sogar darnach sehnen, die überlieferten Vorstellungen aufzuschnappen, die noch von den alten Religionslehrern herkommen. Aber wir leben in der Zeit, da die Menschen mündig werden sollen. Da muß das, was die Religionsstifter für den Glauben geliefert haben, durch das ersetzt werden, was die neuere Geisteswissenschaft gibt. Diese neuere Geisteswissenschaft unterscheidet sich ja in ihrem ganzen Wesen von demjenigen, was die alten Religionsstifter überliefert haben. Dabei muß betont werden, damit kein Mißverständnis entsteht: Wenn von diesen alten Religionsstiftern gesprochen wird, so ist der Christus ausgenommen. Denn ich habe oft betont: Es kommt beim Christus nicht darauf an, was er gelehrt hat, sondern was durch ihn geschehen ist. Die alten Religionsstifter waren gewissermaßen Lehrer, der Christus hat aber hauptsächlich dadurch gewirkt, daß er durch das Mysterium von Golgatha seine eigene Kraft in die Menschheit hineingesenkt hat. Das ist heute noch für viele Menschen außerordentlich schwer zu begreifen. Daher reden sie auch von dem Christus nur als von einem großen Weltenlehrer, was aber für den, der die ganze Bedeutung des Christus wirklich versteht, einfach Unsinn ist. Also wir stehen gegenwärtig davor, daß die Menschheit mündig wird. Und das soll durch die neuere Geisteswissenschaft geschehen, soll geschehen mit den Begriffen, Ideen und Vorstellungen, die sich für den Menschen auf sein Leben nach dem Tode beziehen und damit auf sein ganzes Seelenleben. Geisteswissenschaft wird ja so errungen, daß sie eigentlich von jedem Menschen errungen werden kann, wenn er sich wirklich den Ergebnissen der Geisteswissenschaft entgegenentwickelt. Geisteswissenschaft strebt darauf hin, den Menschen das zu geben, was die einzelne Menschenseele wirklich durch sich erreichen kann, nicht wie früher die Dinge erreicht worden sind, dadurch, daß man auf die Religionsstifter hörte. Und wenn heute die Geisteswissenschaft selbstverständlich nur von einzelnen Geistesforschern sozusagen zu ihren Ergebnissen gebracht werden kann und dann mitgeteilt wird, so wird sie aber in einer solchen Form mitgeteilt, daß man sie ganz und gar verstehen kann, wenn man nur will. Ich habe ja oft betont: Wenn gesagt wird, auch der Geisteswissenschaft müsse man glauben, so beruht das auf einem vollständigen Mißverständnis. Daß die Leute das sagen, auch der Geisteswissenschaft müsse man glauben, beruht darauf, daß sie so vollgepfropft sind von materialistischen Vorurteilen, daß sie nicht eingehen auf das, was die Geisteswissenschaft wirklich geben kann. Sobald man auf sie eingeht, kann man alles verstehen und begreiflich finden. Es reicht nicht bloß das Hellsehen, es reicht das gewöhnliche Verständnis aus, um alles nach und nach – es mag ja dieses «nach und nach» für manchen unbequem sein – wirklich zu verstehen und zu begreifen.

Es tritt also die Geisteswissenschaft so an den Menschen heran, daß sie an sein Verständnis, an sein Begreifen appelliert, indem sie gewissermaßen das ganz entgegengesetzte Prinzip geltend macht gegenüber dem Prinzip, durch das die alten Religionsstifter gewirkt haben. So haben in den Vorstellungen, welche von den alten Religionsstiftern an die Menschenseelen herangekommen sind, diese Seelen etwas gehabt, wodurch sie gleichsam geistig aufgeweckt worden sind und eine Kraft hatten, um in der Ätherwelt wahrzunehmen, also auch, um nach dem Tode ein selbstbewußtes Leben zu führen. Und wiederum wird die Menschenseele durch das Aufnehmen der neueren Geisteswissenschaft dasjenige haben, was ihr die Kraft gibt, um nach dem Tode die nötige Vorstellungskraft zu entwickeln, um die Ätherwelt bewußt als Umgebung wahrzunehmen. Die alten Menschen, die auf ihre Religionsstifter hörten, die neueren Menschen, die den Willen haben, die Geisteswissenschaft zu verstehen, sie werden also gleichsam mit den Fähigkeiten ausgerüstet sein, um nach dem Tode sich in der richtigen Weise auszukennen. Nur *eine* Sorte von Menschen hat es schwer, nach dem

19

Tode sich auszukennen; und bei dieser einen Sorte gilt sogar das vielfach nicht, was man beschreibt als das Leben nach dem Tode, weil es vielfach getrübt und verdunkelt ist. Diese Sorte von Menschen sind die Gesinnungsmaterialisten, die nur an den Dingen haften möchten, die Abbilder der gewöhnlichen physischen Welt sind, die sich keine Kraft aneignen wollen, um in der Welt wahrzunehmen, in die wir nach dem Tode eintreten. Materialist sein, heißt in bezug auf sein Geistig-Seelisches wirklich nichts anderes, als wenn man beschließen würde, sich in der gewöhnlichen physischen Welt die Augen zu zerstören, die Ohren zu zerstören, die Sinne nach und nach abzutöten, und dann weiterzuleben. Es wäre so, wie wenn jemand sagte: Diese Augen – man kann ja ohnedies nichts auf sie geben, denn sie geben nur Lichteindrücke. Also weg mit ihnen! Diese Ohren – man kann ja durch sie nur Lufterschütterungen wahrnehmen, nicht die eine einzige Wahrheit. Also weg damit! Weg mit den Sinnen, einem nach dem anderen! – So gescheit, wie dies für die Sinneswelt wäre, so gescheit ist es in bezug auf die geistige Welt, Materialist zu sein. Es ist ganz dasselbe. Und dies ist sogar gar nicht so schwierig einzusehen, wenn man auf die Gründe eingeht, die von der Geisteswissenschaft geltend gemacht werden.

Ich habe versucht, einmal heute von dieser Seite her Ihnen zu charakterisieren, wie es mit dem Drinnensein in der geistigen Welt ist. Ich möchte gleichsam noch ein anderes Faktum in einer ähnlichen Weise charakterisieren. Aus der Sphäre der Träume kann man eine Art der Träume herausheben, die eigentlich auch jeder kennt, denn einen Traum, der so geartet ist wie die jetzt zu beschreibenden, wird jeder schon gehabt haben. Es ist jene Art von Träumen, wo wir im Traume uns in einer gewissen Weise selbst gegenüberstehen. Die gewöhnlichen Träume verfließen ja so, daß das eintritt, was ich vorhin charakterisiert habe, daß sich das Traumgewebe vor uns abrollt und wir kein deutliches Ich-Bewußtsein dabei haben, sondern erst nachher das Traumgewebe überdenken mit unserem Ich-Bewußtsein. Wer genau die Verhältnisse prüft, wird finden, daß es so ist. Aber es treten auch Träume auf, wo wir uns gleichsam selber objektiv gegenübertreten. Nicht nur daß wir uns, wie es auch vorkommt, selber wirklich sehen, denn das kann auch eintreten, sondern es kann auch etwas anderes eintreten. Bekannt ist

20

ja der Traum, wie der Schuljunge träumt, daß er in der Schule sitzt, wie eine Rechenaufgabe gegeben wird, und wie er sie so gar nicht lösen kann. Da kommt ein anderer und löst sie spielend. Das träumt er wirklich. Nun werden Sie ja einsehen, daß er es selber war, der sich entgegengetreten ist und die Aufgabe löste. Man tritt sich also auch so gegenüber, erkennt sich aber nicht. Darauf kommt es aber nicht an. In einem solchen Falle spaltet sich gleichsam das Ich des Menschen. Es wäre ja ganz nett, wenn das auch in der physischen Welt so sein könnte, daß einem dann, wenn man irgend etwas nicht weiß, das andere Ich gegenübertritt, und man wüßte dann die betreffende Sache vorzüglich. Aber im Traume tritt es auf. Da hat der Traum einen ganz anderen Charakter, als bei den zuerst charakterisierten. Man ist ja im Traume außerhalb seines physischen Leibes und Ätherleibes, ist in seinem Astralleib und Ich. Während die früher charakterisierten Träume darauf beruhen, daß man das Wesen des eigenen Ätherleibes gelüftet bekommt, beruhen die Träume, in denen man sich selbst gegenübertritt, darauf, daß der eigene Astralleib, den man mitgenommen hat, ein Stück von sich zeigt, daß er einem durch dieses Stück entgegentritt. Es ist ein Stück Selbstwahrnehmung außerhalb des physischen Leibes. Während man im gewöhnlichen Leben den Astralleib nicht wahrnimmt, kann es im Schlafe durchaus eintreten, daß man ein Stück seines Astralleibes wahrnimmt, und im Astralleib sind gar manche Dinge drinnen, die durchaus nicht im gewöhnlichen Wachzustande von uns gewußt werden. Ich habe vorhin darauf aufmerksam gemacht — ich werde Ihnen jetzt etwas recht Sonderbares sagen müssen —, was im Ätherleibe enthalten ist. Es ist jedenfalls alles darinnen, was wir erlebt haben. Im Astralleibe ist aber sogar das darinnen, was wir nicht erlebt haben. Der Astralleib ist nämlich ein recht kompliziertes Gebilde. Er ist gewissermaßen aus den geistigen Welten hereinorganisiert und enthält nicht nur die Dinge, die wir schon jetzt in uns haben, sondern auch die, welche wir noch einmal lernen werden! Die sind schon veranlagt, sind schon in einer gewissen Weise in ihm darinnen. Dieser Astralleib ist viel gescheiter als wir. Deshalb kann er auch, wenn er uns im Traume etwas von sich offenbar werden läßt, uns selber in einer Form uns entgegentreten lassen, in der wir gescheiter sind, als wir durch das physische Leben geworden sind. Wenn Sie dies bedenken – ich möchte dies jetzt aber nur als eine Episode in die Ausführungen hineinflechten, die nicht zum Vortrag gehören soll –, so wird Ihnen das ein Licht werfen können darauf, wie es sich verhält mit den «klugen» Fähigkeiten der Tiere. Die Tiere haben ja auch einen Astralleib, und es kann durch den Astralleib das hervortreten, was nicht hervortritt beim gewöhnlichen Leben der Tiere. Da können tatsächlich viele Dinge hervortreten, die durchaus überraschen können. Denn dieser Astralleib enthält zum Beispiel – Sie mögen es glauben oder nicht – die ganze Mathematik, nicht nur die jetzt bekannte, sondern auch alles in der Mathematik, was noch einmal entdeckt werden wird. Wollte man allerdings die ganze Mathematik daraus herauslesen, bewußt herauslesen, so müßte man es tätig tun, müßte sich erst die entsprechend erstarkten Fähigkeiten dazu aneignen; aber enthalten ist wirklich alles darin. Also es ist die Offenbarung wie aus einem Stücke unseres Astralleibes heraus, wenn wir uns selbst gegenübertreten. Und auf diesen Offenbarungen des Astralleibes beruht wirklich auch vieles, was wie innere Eingebungen über uns kommt. Geradeso wie ein gewisses Halluzinieren unter solchen Umständen entsteht, wie ich es vorhin charakterisiert habe, so kann auch durch besondere Verhältnisse unserer Organisation das in uns sprechend werden, was gescheiter ist als wir selber. Dann können wir innere Eingebungen haben, dann kann etwas in uns auftreten, was nicht auftreten würde, wenn wir bloß unsere gewöhnliche Urteilskraft anwenden würden im gewöhnlichen physischen Leibe. Aber es ist gefährlich, solche Dinge auftreten zu lassen, sich solchen Dingen hinzugeben. Es ist gefährlich aus dem Grunde, weil solche Dinge kommen und wir sie nicht bewältigen können, solange wir ihnen nicht urteilend beikommen. Und da wir sie nicht bewältigen können, hat Luzifer einen so leichten Zugang zu allen diesen Dingen, und wir können es nicht wehren, daß er sie nach seinem Sinn und nicht nach dem Sinn der ordentlichen Weltordnung lenkt.

Wenn also der Mensch seine inneren Kräfte erstarkt, dann lernt er auch so innerlich zu leben, daß er im astralischen Leibe hellsichtig wird. Aber Sie werden jetzt aus dem, was ich gesagt habe – ich habe darum den Traum herangezogen –, ersehen, daß es zu diesem Hellsichtigwerden im astralischen Leibe notwendig ist, daß man gewissermaßen immer eine deutliche Vorstellung hat von dem Sich-Gegenüberstellen der eigenen Wesenheit. So wie man im physischen Leben nicht gesund lebt, wenn man nicht voll bei seinem Bewußtsein ist, so lebt man gegenüber der Welt, die höher ist als die physische Welt, seelisch nicht gesund, wenn man *sich* nicht immer sieht. In der physischen Welt *ist* man selber, in der höheren geistigen Welt ist man so zu sich, wie man in der physischen Welt zu einem Gedanken ist, der ein vergangenes Erlebnis darstellt. Einen solchen Gedanken, der ein vergangenes Erlebnis darstellt, schaut man innerlich an. Man verhält sich zu ihm wie zu einer Erinnerung. Wie man in der Sinneswelt sich zu einem Gedanken verhält, so weiß man in der geistigen Welt, daß man auf *sich* hinschaut, *sich* anschaut. Man muß immer *sich* dabei haben bei den Dingen, die man in der geistigen Welt erlebt. Und das ist im Grunde genommen die eine einzige Vorstellung, die sich in den Dingen hineinstellt – über die man zunächst nicht die Macht hat, von der ich vorhin gesprochen habe – und die auch für die geistige Welt gilt, so daß man die Dinge meistert, daß man die waltende Macht ist. Wie der Schwerpunkt, um den sich alles gruppiert, ist die eigene Wesenheit. Wie man in der geistigen Welt hantiert, das merkt man an der eigenen Wesenheit. Man merkt: So ist man in der geistigen Welt. – Nehmen wir an, man ist in der geistigen Welt darinnen und man nimmt etwas Unrichtiges wahr, das heißt, man hantiert durch die okkulte Schrift unrichtig. Ja, wenn man durch die okkulte Schrift unrichtig hantiert und sich als den Schwerpunkt wahrnimmt, um den sich alles herumgruppiert, dann erlebt man an seiner eigenen Wesenheit: *So schaust du aus, denn du hast etwas unrichtig gemacht; jetzt mußt du das verbessern!* – Man merkt an der Art und Weise, wie man wird, was man gemacht hat. Wenn ich es vergleichsweise darstellen will, so möchte ich sagen: Sie seien hier in der physischen Welt, aber Sie seien nicht in sich, sondern um sich herum, und Sie sagen zu jemandem: Jetzt ist es halb zwölf – aber das ist nicht wahr. Und in dem Augenblick schauen Sie sich an, wie Sie sich die Zunge entgegenstrecken und sagen jetzt: Das bist du ja nicht! – Und nun fangen Sie an, an sich auszubessern, bis es richtig ist, und bis Sie sagen: Es ist zwanzig Minuten nach neun! – Dann geht die Zunge wieder zurück. So schauen Sie sich an, ob Sie sich richtig in der geistigen Welt verhalten.

Das sind die Dinge, die vielleicht sich durch solche grotesken Bilder charakterisieren lassen, von denen aber jeder fühlen wird, sie sind viel ernster gemeint, als alles gemeint sein kann, was für die physische Welt gesprochen werden kann. Das ist es ja gerade, daß wir uns mit der Denkkraft, die wir schon für die physische Welt haben, zunächst ein Verständnis für die übersinnlichen Welten aneignen. Dadurch reißen wir das Denken los, das sonst wirklich am Gängelbande der physischen Welt verläuft. In früheren Zeiten hatten die Menschen ein atavistisches, elementares Hellsehen. Da waren sie imstande, Imaginationen und so weiter, auch Inspirationen zu haben. Daß sie sich aber heute Begriffe bilden über die physische Welt, ist gegenüber dem früheren ein vollkommenerer Zustand der Menschen. In der Zeit, als die Menschen ein atavistisches Hellsehen gehabt haben, haben sie eben nicht ordentlich denken können. Und damit ordentliches Denken hat entstehen können, mußte eben die Kraft, die früher zum Hellsehen nötig war, zum Denken verwendet werden. Und wenn heute ein Mensch in gewissen Partien des Lebens hellseherische Kräfte entfaltet, die nicht so entwickelt worden sind, wie sie die Geisteswissenschaft beschreibt, so heißt das: Er hat sie als Erbschaft von früheren Zeiten, weil er als Hellseher für die Partien des Lebens, wo das Hellsehen vorhanden ist, eben noch nicht angekommen ist an das reife Urteil. Immer mehr und mehr gehen wir aber den Zeiten entgegen, in welchen zuerst das reife Urteil vorhanden sein muß, und sich dann erst aus dem reifen Urteil heraus wieder das Hellsehen entwickeln muß. Wenn also heute jemand auftritt, der, ohne daß er ernste Übungen gemacht hat, ohne daß er, sagen wir, entsprechend in die Geisteswissenschaft eingedrungen ist – denn die Geisteswissenschaft kann selbst, wenn man richtig in sie eindringt, die beste Übung sein, um das alte Hellsehen herauszubringen –, wenn ein solcher gewisse psychische Fähigkeiten, ein gewisses Hellsehen oder anderes zeigt, so deutet das darauf hin, daß er nicht etwa in der Entwickelung voraus ist vor den anderen, sondern daß er zurückgeblieben ist. Man muß noch nicht den Standpunkt des hellen Denkens erreicht haben, wenn man heute atavistische Fähigkeiten in der Seele entwikkelt. Wenn also heute die Frage entsteht: Welche Seele steht gewissermaßen in der Entwickelung voran, diejenige, die nur gesund urteilt mit dem gewöhnlichen Verständnis – und mit diesem gewöhnlichen Verständnis kann sie auch, wenn sie kein Vorurteil hat, die Geisteswissenschaft verstehen –, die sich also zunächst aus dem Verständnis heraus eine Anschauung verschafft über geistige Welten und Sinne, oder ein Mensch, der allerlei Zeug hellsichtig aus sich herausbringt? – so ist diejenige Persönlichkeit die vorgeschrittene, die ein gesundes Urteil hat. Und am meisten geht man fehl, wenn man sich imponieren läßt durch solche atavistischen hellseherischen Fähigkeiten. Wenn man sich zu dem Glauben verleiten läßt, daß eine solche Persönlichkeit eine besonders entwickelte Seele vorstellt, so geht man immer fehl. Denn daß diese Seele solche Fähigkeiten zeigt, das bedeutet, daß sie besondere Dinge noch nicht durchgemacht hat, die während der Zeit des Hellsehens durchgemacht werden mußten. Deshalb holt sie es heute nach. Das Groteskeste ist, wenn innerhalb der geisteswissenschaftlichen Strömung der Glaube auftritt, daß jemand, der ein gewisses Hellsehen hat, ohne in die Geisteswissenschaft eingedrungen zu sein, früher etwas Bedeutenderes gewesen sein muß. Er ist sicher etwas Unbedeutenderes als der, welcher ein gesundes Urteil über die Dinge hat.

Nun kommt sehr viel darauf an, daß unsere geisteswissenschaftliche Strömung gerade dahin wirkt, einen gewissen Kreis von Menschen zu haben, der diese Dinge durchschaut, sie wirklich richtig versteht, der also vor allen Dingen dem Urteil gewachsen ist: Es muß in der Gegenwart Geisteswissenschaft auftreten, denn man muß durch die Geisteswissenschaft durchgehen, man muß durch das Verständnis der Geisteswissenschaft durchgehen, um weiterzukommen.

Es ist außerordentlich wichtig, daß dies auftritt. Gewiß, es gibt Kinderkrankheiten auf allen Gebieten, auf den Gebieten des menschlichen Lebens und auch selbstverständlich innerhalb solcher Strömungen, die als geistige Strömungen in die Welt kommen. Und Kinderkrankheiten der Geisteswissenschaft sind nur zu leicht verständlich, weil es ja bei der Geisteswissenschaft selbstverständlich darauf hinauskommt, dem Menschen das zu verschaffen, was durch das hellsichtige Bewußtsein erlangt worden ist. Aber Sie sehen, wie das charakterisiert werden muß. Daß es so charakterisiert werden muß, daß es gar nicht die menschliche Bequemlichkeit anspricht, so hellsichtig zu werden, wie es die gegenwärtige und zukünftige Menschheit fordert. Dazu gehört etwas ganz anderes, als nur die Dinge an sich herankommen zu lassen. Dazu gehört ein Dabeisein jeden Augenblick, ein Sich-in-der-Hand-Haben und ein Sich-beobachten-Können, sobald man in die geistige Welt hinaufkommt. Das ist es, was sich als Verständnis verbreiten muß. Bequemer ist es, so etwas an sich herankommen zu lassen, was wie ein Traum an den Menschen herankommt, was auf und ab flutet. Man möchte genau so die geistige Welt erleben, wie man die physisch-sinnliche Welt erlebt. Es ist das noch zurückgeblieben aus den alten Zeiten der menschlichen kulturellen Geistesentwickelung, weil man im alten Hellsehen eben die Dinge so erlebt hat, daß man sie eigentlich nicht «gewußt» hat, und daher könnte es wohl auch heute sein, daß man die geistige Welt so erleben möchte, daß man sie eigentlich nicht «weiß». Man unterschätzt das, was man durchsichtig klar weiß. Wenn man zum Beispiel rechnet, so rechnet man nach der Methode. Da ist man nicht selbst dabei. Wenn man addiert: fünf und sieben ist zwölf –, so ist man nicht so dabei, wie es hier gemeint ist, daß man sich hinstellen muß, überall dabei sein muß, um die Sache zu *machen*. Deshalb lieben die Menschen nicht, daß man eine Meinung über die Welt hat, die man selbst gemacht hat. Sobald man den Menschen nur irgend etwas aufzeigen kann, wobei man nicht dabei war, dann sind sie froh, ungeheuer froh! Wenn aber jemand kommt und zeigt: Er weiß von der geistigen Welt, weiß so davon, daß er dabei ist –, dann sagen die Leute: Oh, der weiß das! Das ist ein ganz bewußter Vorgang, das ist nicht objektiv. – Wenn aber jemand kommt, der eine Lichterscheinung hat und der keine Ahnung hat, wie er es hervorbringt, dann heißt es: Das ist objektiv, ganz objektiv! Da kann man daran glauben. – Aber das ist gerade der bedeutsamste Punkt in unserer Geisteswissenschaft, bei der geistigen Strömung, die der wahren Geisteswissenschaft entspricht, daß man versucht, sich klare Vorstellungen zu machen. Gerade weil die Geisteswissenschaft noch etwas Neues ist, aber natürlich die Sehnsucht nach der geistigen Welt und nach einem Wissen von der geistigen Welt jetzt in den Menschenseelen erwacht, deshalb versuchen die Menschen überall, wo noch etwas heraufkommt aus der alten Welt des Hellsehens und Hellfühlens, da anzuknüpfen, das zu sammeln, um dann zu glauben, man täte etwas ganz Besonderes, wenn man die alten Dinge konserviert. Aber darin besteht unsere Aufgabe: auf diesem Gebiete klar zu sehen! Uns muß klar sein, daß es nicht minderwertig ist, wenn jemand in bezug auf einen geistigen Heilungsprozeß einen vollständig bewußten Rat gibt. Aber das werden die Menschen weniger schätzen, als wenn jemand kommt, der die Geschichte «im Griff» hat, der sich ganz dunklen Gefühlen überläßt, der es gar nicht «weiß»; denn da hat man das dunkle, wonnige Gefühl: Das kommt aus etwas Unbekanntem heraus! – Und hört man denn nicht auf Schritt und Tritt, daß die Leute sagen: Was man begreifen kann, das interessiert uns ja nicht, das Unbegreifliche bringt uns einmal her! Das ist das Hohe, das Göttliche!

Wirklich, es ist nötig, daß nicht nur die einzelnen Wahrheiten der Geisteswissenschaft nach und nach in unsere Seele einziehen, sondern daß wir uns einen klaren, sicheren Blick aneignen in bezug auf die Verhältnisse, die soeben berührt worden sind und die sich uns ergeben haben, indem ich versuchte, von der Charakteristik von Träumen ausgehend, zu zeigen, wie das wirkliche Hellsehen eine aktive Betätigung der Seele voraussetzt, die sich vergleichen läßt mit dem Schreiben. Um in diesen Dingen immer mehr und mehr Klarheit zu verbreiten, ist meine Schrift «Die Schwelle der geistigen Welt» abgefaßt. Wer sie versteht, wird den Grundnerv, das Hauptsächlichste, worauf es bei unserer Bewegung ankommt, verstehen. Deshalb muß immer wieder und wieder darauf hingewiesen werden – trotzdem es ja im Laufe der Jahre oft geschehen ist –, weil so viel darauf ankommt: Wer wirklich in die Geisteswissenschaft eindringen will, muß sich einen gesunden Blick für das wahrhaft Geisteswissenschaftliche aneignen. Dann werden wir allmählich zu einer Gesellschaft werden, die sich zur Aufgabe machen kann, wirklich heilsam zu wirken in bezug auf alles, was in das Gebiet des geistigen Lebens gehört. ✗ S. 142

Über das, was heute begonnen worden ist als eine Charakteristik über die Traumwelt aus den geistigen Welten, werden wir bei nächster Gelegenheit weitersprechen.

ROBERT HAMERLING, EIN DICHTER UND EIN DENKER UND EIN MENSCH

Berlin, 26. April 1914

Es war am 15. Juli 1889. Da stand ich mit dem Dichter *Rosegger* und dem österreichischen Bildhauer *Hans Brandstetter* auf dem Friedhof zu St. Leonhard bei Graz, als in das Grab hinabgesenkt wurde die Leiche des österreichischen Dichters *Robert Hamerling*. Robert Hamerling war nach unsäglichen, man darf sagen, jahrzehntelang dauernden Leiden, die sich zuletzt bis zur Unerträglichkeit gesteigert hatten, einige Tage vorher von dem physischen Plan abgerufen worden. Die Leiche lag vorher aufgebahrt im kleinen, so wunderschönen Stiftinghaus an der Peripherie der österreichisch-steierischen Stadt Graz. Hamerling lag da, das heißt die irdische Form, die verlassen war von dieser großen Seele, lag da, ein wunderbares Abbild in ihrer Form von einem Leben, das gerungen hat nach den höchsten Höhen des Geistes. So ausdrucksvoll, so sprechend war diese nur den irdischen Elementen übriggebliebene Form, aber auch so sehr der Abdruck der unsäglichen Leiden, die diese Dichterseele in diesem Leben hat erfahren müssen! – Damals sah man in der Umgebung derjenigen, welche die nächsten Leidtragenden waren, ein kleines Mädchen, zehnjährig, das Mündel Robert Hamerlings, welches durch seine vielversprechende, damals vielversprechende Kindlichkeit die letzten Jahre des Dichters so sehr erfrischt und verschönt hat, jenes Mädchen, dem der Dichter jene Verse gewidmet hat, die im Grunde genommen so unendlich tief hineinführen in die Stimmung Robert Hamerlings in seinen letzten Lebensjahren. Und weil sie so tief hineinführen in das, was in Hamerlings Seele war, so gestatten Sie, daß ich gerade diese Verse gleich hier vorlese.

An B. (ertha)

Kind, das nun harmlos gaukelt wie ein Falter
Vorbei am Kranken, Schmerzgefolterten,
Wenn heimgehn du mich sahst nach langem Leid,
Gedenke meiner nicht im Braus der Jugend:

Nur flüchtig würdest meiner du gedenken;
Auch nicht im Liebes-, Eh'- und Mutterglücke:
Nur matt im Trubel wäre dein Erinnern.
Mit *sechzig Jahren erst gedenke meiner:*
Des armen, kranken Mannes, den du gesehen
So Jahr für Jahr auf seinem Schmerzenslager,
Und der, von unabläß'ger Qual gefoltert,
Mühselig ächzend wen'ges nur gesprochen,
Der nichts dir war und nichts dir konnte sein.
Mit sechzig Jahren, Kind, gedenke seiner:
Dann denkst du *sinnend* seiner, *lange* sinnend,
Und spätes, tiefes Mitleid überkommt dich
Mit dem, der ausruht längst von aller Qual.
Und eine Träne quillt dir aus dem Aug'
Als Totenopfer für den längst Verblichenen,
Der nichts dir war und nichts dir konnte sein.

Man braucht nicht die Lage des Dichters zu schildern, der diese Zeilen
schreiben konnte, die so mächtig sprechen von dem Leiden, man darf
sagen, der ganzen zweiten Hälfte seines Lebens. Die Welt hat sich
allerlei erzählt, schon als Hamerling einen großen Teil seines Lebens
ans Bett gefesselt war, von einem sybaritischen Leben, das der Dichter
des «Ahasver» führen sollte; es wurde sogar erzählt, daß er in einem
prunkvollen Hause in Graz lebe, daß er sich vergnüge an einer ganzen
Anzahl von Mädchen, welche griechische Tänze aufführen müßten
Tag für Tag und dergleichen. Das alles konnte erzählt werden in den
Tagen seiner Krankheit, die den Dichter ans Bett fesselte, in Zeiten, wo
draußen die herrlichste Sonne leuchtete. Er mußte in seinem kleinen
Stübchen im Bette liegen, wenn er wußte, daß draußen die Sonne über
die grünen Fluren hinschien, in der herrlichen Natur, wo er sich so gern
vergnügte, wenn er nur irgendeine kurze Zeit hatte, die er außer dem
Bette zubringen konnte. Und diese herrliche Sonne, sie leuchtete gar so
schön, als wir am 15. Juli 1889 den Verstorbenen zur letzten Ruhestätte
brachten. Es wird selten ein Leben geben, das, in einer solchen Weise
äußerlich zugebracht, so sehr mit jeder Fiber der Seele dem ergeben

sein konnte, was das Große, das Schöne, das Gigantische, das Herrliche, das Freudige in der Welt ist.

Ich erinnere mich einer Szene, wo ich in Wien mit einem jungen Musiker zusammensaß, der sehr befreundet mit Hamerling war. Dieser junge Musiker war im Grunde genommen ein armer Mensch, der früh einem Seelenleid erlag. Er war ein tiefer Pessimist, der nie müde wurde, über das Leben zu klagen. Und da er Hamerling so liebte, so hätte er es so gern gehabt, wenn er sich hätte auf den Dichter Robert Hamerling berufen können, wenn er über das Leben klagte. Aber einmal war es, daß der gute junge Musiker den Dichter Hamerling wieder einmal als Pessimisten aufrufen wollte. Und ich konnte ein Zeitungsblatt herbeirufen – wir saßen zusammen in einem Café –, in welchem ein kleines Gelegenheitsgedicht von Hamerling, «Persönliche Bitte» überschrieben, enthalten war, und es dem jungen Musiker zeigen:

Persönliche Bitte

Sagt, ich mache schlechte Verse –
Sagt, ich stehle Silberlöffel –
Sagt, ich sei kein guter Deutscher,
Weil aus notgedrungner Rücksicht
Der Diät kein Judenfleisch ich
Und kein Slawenfleisch genieße –
Oder ich verrate Östreich,
Weil den Bismarck ich besinge –
Sagt, daß mich der Gram verzehre,
Weil man mich zu selten lobt,
Und zuweilen schnöd verlästert –
Aber Eines, bitt' ich, Eines
Saget *nicht:* daß *Pessimist* ich –
Daß in meinem Sang das *letzte*
Wort hat die blasiert-moderne,
Blöde, stumpfe Daseinsunlust!
Pessimist wär' drum der Dichter,
Weil er sich ergeht in Klagen?

Just weil ihm so schön die Welt
Und so reizend scheint das Leben,
Wird er schmerzlich es bedauern,
Wenn versagt ihm blieb sein Anteil.
Soll, wer klagt, schon Pessimist sein,
Dann ist Pessimist auch jener,
Welchem ein O *weh* entfuhr,
Als ein Zahn ihm ward gerissen!
Glaubt den Rezensenten alles,
Nur nicht, daß ich Pessimist!
Dieses Wort haß ich – mir duftet's
Wie nach seiner letzten Silbe.

Die Stimmung Hamerlings charakterisieren doch auch solche Worte,
Worte, welche zeigen, wie man im tiefsten Schmerze stöhnen und leben kann, wie er – er hat das an Rosegger geschrieben – gerade lebte in
der Zeit, in welcher etwa diese «Persönliche Bitte» geschrieben sein
kann. Er schrieb an Rosegger: «Ich fürchte nicht, Pessimist zu werden,
aber ich fürchte, da ich manchmal auch nur wenige Augenblicke den
immer fortdauernden Schmerzen abgewinnen kann, wahnsinnig oder
blödsinnig zu werden!» Wahnsinnig oder blödsinnig zu werden konnte
er fürchten, aber nicht konnte er befürchten, Pessimist zu werden, er,
der seinen Dichterzug durch die Welt begonnen hat mit den Worten, die
wahrhaft wie ein ganzes Lebensprogramm wirken. Denn, als Robert
Hamerling seine erste größere Dichtung «Venus im Exil» in die Welt
schickte, da trug sie das Motto:

Zieh' hin, ein heiliger Bote,
Und sing' in freudigen Tönen
Vom tagenden Morgenrote,
Vom kommenden Reiche der Schönen.

Und so war er im Grunde genommen sein ganzes Leben lang. Es prägt
sich einem allerdings tief eine Szene ein, an die man erinnert werden
muß, wenn man Hamerling, den österreichischen Dichter, in seiner

ganzen Eigenart so recht verstehen will. Es ist einige Monate, einige Wochen vor seinem Tode gewesen, da übersiedelte er aus seiner Wohnung in der Stadt Graz – in der Straße, die damals Realschulstraße genannt war, die jetzt Hamerlingstraße heißt – in sein kleines Sommerhäuschen, das so lauschig gelegen war an der Peripherie der Stadt. Zwei Dienstmänner mußten den Kranken heruntertragen, drei Etagen hoch, so hoch war seine Wohnung gelegen. Mehrmals war er einer Ohnmacht nahe. Aber zu beiden Seiten hatte er, umwunden von einem breiten Band, das ihm stolagleich vom Hals herunterhing, zwei Pakete hängen, die eingewickelten Manuskripte seines letzten Werkes, der «Atomistik des Willens». Es ist charakteristisch für die Art, wie dieser Dichter lebte, und was er liebte. Nicht einen Augenblick wollte er dieses Manuskript seines philosophischen Werkes aus seinen Händen in andere Hände geben! So krank war er, daß er von zwei Dienstmännern heruntergetragen werden mußte, aber bewahren wollte er sich das, worin er lebte. Und jetzt wurde er heruntergetragen und hinausgefahren nach dem Stiftinghaus, bei schönstem Sonnenschein, und stöhnte: Ach, wie angenehm, so zu fahren, nur nicht so krank, nicht so krank! – Aber aus dieser äußeren Lebenslage heraus arbeitete eine Seele, ein Geist, der zugewendet war allem Großen, Schönen, allem Geistigen in der Welt, arbeitete so aus der Quelle des Großen, Schönen, Geistigen heraus, daß uns im Grunde genommen nur ganz natürlich klingt, was er über die pessimistische Stimmung sagte, was aber zugleich so klingt, daß uns in Hamerling ein Geist erscheint, der eine lebendige Dokumentation des Kosmos ist dafür, daß in jeder menschlichen Lage möglich ist der Sieg der Geisteskräfte im Menschen über die auch noch so sehr widerstrebenden materiellen und sinnlichen Kräfte.

Neunundfünfzig Jahre vorher, also im Jahre 1830, war Robert Hamerling im österreichischen Waldviertel geboren, in jenem österreichischen Waldviertel, das durch seine eigentümliche Naturkonfiguration so sehr – und zumal wohl noch mehr als heute, wo es auch schon durchkreuzt ist von Eisenbahnen – dazu geeignet ist, die Seelen, wenn sie aufgeweckt sind, in sich selbst zu konzentrieren, die Seelen in sich selbst zu vertiefen. Es ist im Grunde genommen eine von der Kultur ziemlich verlassene Gegend, dieses Waldviertel, obwohl eine dorther stammende, in dem diesseits der Leitha gelegenen Österreich, weit und breit berühmte Persönlichkeit in der ersten Hälfte des 19. Jahrhunderts gelebt hat. Diese Persönlichkeit ist jetzt wohl vergessen, lebt aber wahrscheinlich wenigstens noch in der Umgebung des Waldviertels in der Erinnerung der Leute, in zahlreichen Sagen des Volkes nach. Ich muß sagen, ich habe von der Berühmtheit dieser Persönlichkeit oftmals erzählen hören, denn meine beiden Eltern stammten aus dem Waldviertel, und so konnte ich den Nachklang dieser eigentümlichen Berühmtheit wenigstens hören, der charakteristisch ist für die ganze kulturfremde Stimmung des Waldviertels. Diese berühmte Persönlichkeit war nämlich einer der «berühmtesten» Raubmörder jener Zeit: der Grasel. Berühmter als alle, die aus dem Waldviertel hervorgegangen waren, ist sicher dieser Grasel.

Hamerling hat noch in seinen späteren Jahren einmal einiges über das Waldviertel geschrieben, und ich möchte nur ganz wenige Zeilen von dem vorlesen, was er über das Waldviertel geschrieben hat, von seinem Heimatlande, in dem er in dem ersten Jahrzehnt oder in den ersten fünfzehn Jahren seines Lebens aufgewachsen ist. Ich will es vorlesen, weil ich glaube, daß durch solche Schilderung viel mehr Streiflichter auf das geworfen werden, was Hamerling ist, als durch irgendeine professorale Charakterisierung. So schreibt er: «Ich weiß nicht, wieviel die Erbauung einer Eisenbahn, welche das Waldviertel berührt, an der Weltabgeschiedenheit desselben geändert hat. Im Jahre 1867 war das Erscheinen eines Fremden dort noch ein Ereignis. Kam ein solcher zu Fuß oder zu Wagen des Weges, so blieben die pflügenden Rinder auf dem Felde stehen, um mit seitwärts gewendeten Köpfen die neue Erscheinung anzuglotzen. Der Bauer machte einige schwache Versuche, sie mit der Geißel anzutreiben – vergebens; am Ende tat er wie sie, und der Pflug rastete, bis der Fremde hinter dem nächsten Hügel oder Wäldchen verschwunden war. Auch das ein Bild von idyllischer Stimmung!»

Aber wie eine Seele herauswächst aus der Umgebung, wie eine Individualität wird, das zeigt sich uns ganz besonders an Hamerling. Der Sohn eines armen Webers war er. Und als Hamerling noch nicht einmal das «Ich» aussprechen konnte, wurden die Eltern aus dem Hause fortgejagt, weil sie ganz verarmt waren. Der Vater mußte in die Fremde ziehen, die Mutter blieb mit dem kleinen Hamerling in dem Schönauer Waldviertel zurück. Da erlebte das Kind die Schönheiten des Waldviertels. Und dem späteren Hamerling blieb aus jener Zeit eine Szene im Gedächtnis zurück, von der er glaubte, daß er durch jenes Erlebnis eigentlich sein Wesen gewonnen hat. Als siebenjähriger Knabe stieg er einmal einen Hügel hinunter. Es war am Abend, im Westen ging die Sonne hinunter. Goldig kam es ihm aus dem goldenen Sonnenschein entgegen, und was in Hamerlings Augen aus dem goldigen Schein herausglänzte, schildert er in der folgenden Weise: «Zu den bedeutsamsten, aber freilich am schwersten mitteilbaren Erinnerungen meiner Knabenzeit gehören die oft seltsamen Stimmungen, die teils als lebhafte Eindrücke und Anregungen des Moments, meist vom Naturleben um mich her ausgehend, teils als wache Träume und Ahnungen durch die Seele des umherschweifenden Knaben zogen. Der Mystiker Jakob Böhme erzählte von sich, daß der höhere Sinn, das mystische Geistesleben auf wunderbare Weise in dem Momente bei ihm erweckt worden sei, als er sich träumend in den Anblick einer im hellen Sonnenlicht funkelnden zinnernen Schüssel versenkte. Vielleicht hat jeder geistige Mensch so eine Jakob Böhmesche Zinnschüssel irgendwelcher Art gehabt, von welcher seine eigentliche innere Erweckung sich herschreibt. Ich erinnere mich sehr lebhaft an einen gewissen Abend, an welchem mir – ich mochte sieben Jahre zählen –, als ich einen Bergabhang herunterging, der Sonnenuntergang im Westen wie eine Wunder- und Geistererscheinung entgegenleuchtete und mein Gemüt mit einer unvergeßlich-merkwürdigen Stimmung, mit einer Ahnung erfüllte, die mir heute wie eine Berufung erscheint und in welcher mein ganzes künftiges Geschick sich spiegelte. Ich eilte mit gehobener Brust einem unbekannten Ziel entgegen und zugleich lag eine Schwermut über meiner Seele, daß ich hätte weinen mögen. Wäre jener Moment ein aus seinen nächsten Bedingungen erklärlicher, nicht in seiner Art einziger gewesen, er hätte sich gewiß nicht so unauslöschlich in mein Gedächtnis eingegraben.»

So war es in des Dichters siebentem Jahre, so war es, als die dichterische und die Geistesmuse ihm nahte. Dazumal wurde, man möchte sagen, aus dem Kosmos selber heraus in diese Seele der Keim gelegt zu allem, was dann aus ihr wurde. Es ist schön, wenn Hamerling einer solchen Erscheinung, wie einem Wunder, das der Kosmos selber mit ihm angestellt hatte, seine dichterische Berufung zuschreibt.

Wegen der Verarmung der Eltern mußte der Knabe aufgezogen werden in dem Zisterzienserkloster Zwettl. Er mußte dafür, daß er dort den ersten Gymnasialunterricht erhielt, im Chor der Sängerknaben des Klosters mitsingen. Hamerling war damals zwischen zehn und vierzehn Jahren, als er in diesem Kloster war. Er hatte sich innig angeschlossen an eine merkwürdige Persönlichkeit in diesem Kloster, an den Pater *Hugo Traumihler*. Der Pater Traumihler war ein Asket, eine Persönlichkeit, ganz ergeben mystischer Versenkung und asketisch strengem Leben. Man kann sich denken, wie der Knabe, in dem im Grunde genommen damals schon der Durst nach der Schönheit des Weltalls lebte, aber doch der Drang nach Vertiefung der Seele immer rege war, angeregt werden konnte von den inneren Erlebnissen, die der eigenartige Pater Traumihler ihm erzählen konnte von dem inneren Versenken in die Herz- und Seelengeheimnisse eines Mystikers, eines Mystikers sehr elementarer, primitiver Art, der aber einen großen Eindruck auf die Seele Hamerlings machte. Aber man kann Hamerling nicht als Dichter schildern, wenn man nicht hinweist auf das, was in ihm so einzig groß war: die Sehnsucht, ein großer Mensch zu sein. Als er später einmal, nachdem er längst aus dem Waldviertel weg war, wieder eine Reise dorthin machte, da fragten die Leute, die wußten, daß er von dort stammte, was er denn werden wolle. Aber Hamerling hatte sich, obwohl er bereits weit die Zwanzig überschritten hatte, nicht überlegt, was er werden wollte. Und da fiel ihm auf, daß man in diesen Jahren an die Frage herantritt: Was willst du werden? – Und er mußte sich immer sagen: Ja, was ich werden will, das kann ich den Leuten doch nicht sagen, denn das verstehen sie nicht. Denn wenn ich gefragt werde: Was willst du werden? – so möchte ich antworten: Ich will ein Mensch werden! – Und so hat er denn manchmal gesagt, er wolle Philologe werden, manchmal, er wolle Astronom werden oder dergleichen. Das verstanden die Leute. Aber daß man die Absicht haben kann – Hamerling war damals schon ein studierter junger Mann –, ein Mensch zu werden, das hätten sie nicht verstehen können.

Nun würde viel zu erzählen sein über den Werdegang des Dichters Hamerling, und vor allem wäre darüber viel zu sprechen, wie sich in seine Seele herauflebt ein dreifaches. Das erste, was in ihm ganz lebendig wurde, war das, was er später in seiner «Atomistik des Willens» in die einfachen Worte gefaßt hat: daß die Griechen das Weltall mit «Kosmos» benannt haben, was zusammenhängt mit Schönheit. Das war ihm bezeichnend für den griechischen Geist; denn seine Seele war trunken von der Schönheit, die das Weltall durchpulst. Und die Menschheit wieder trunken zu erblicken von der Schönheit, das war alles, was sein Herz ersehnte und was er in dichterische Töne ausgießen wollte. Und so strebte in ihm alles nach der Schönheit hin, nach der schönheitstrunkenen griechischen Welt, und er sah so vieles, was in das Menschenleben eingezogen ist, was sich wie ein trüber Flor hinüberzieht über das, was gewollt ist in der Natur, über das, was gewollt ist von der Natur in Schönheit. Und Schönheit war für Hamerling eins mit Geistigkeit. So drang denn oft sein Blick hinaus über alles, was er von dem Griechentum wußte, und sah zugleich mit Wehmut hinein in die moderne Kultur, für die er dichten wollte. Dichten aber wollte er für diese moderne Kultur, um in sie hineinzusenken alle die Töne, welche die Menschen wieder aufmuntern können, Schönheit und Geistigkeit in das Leben hineinzutragen, um so wieder zu einem glücklichen Erdendasein zu kommen. Unmöglich war es für Hamerling, daß man von einer Diskrepanz zwischen Welt und Schönheit im Menschenleben sprechen könnte. Daß das Schöne das Leben durchdringen müßte, daß das Schöne auf der Welt leben müsse, das war es, was ihn ganz und gar begeisterte, wofür er auch am liebsten ganz und gar gelebt hätte, von Jugend auf. Das war wie ein Instinkt in seiner Seele. Aber er mußte sich hineinleben in so manches, was ihm zeigte, wie sich die moderne Zeit hindurchringen mußte durch vielfaches, was im Leben die Ideale durchkreuzt.

Hamerling machte dann als Student mit das Jahr 1848. Und er, der selbst die freiheitliche Bewegung mitmachte, wurde wegen dieses «großen Verbrechens» vor die Polizei geführt und wie viele, die damals in Wien die freiheitliche Bewegung mitgemacht hatten, einer besonderen Strafe zugeführt. Sie wurden nämlich zu dem Barbier geführt, und es wurden ihnen die Haare geschnitten zum Zeichen dafür, daß man ein

«Demokrat» war, wenn man über das Polizeimaß des Erlaubten hinausgegangen war. Das andere, was damals nicht erlaubt war – wir haben heute doch schon in dieser Beziehung einen Fortschritt, denn heute werden einem nicht die Haare abgeschnitten, weil man freiheitlich gesinnt ist –, das war, einen breitkrämpigen Hut zu tragen, der galt wieder als ein Zeichen einer demokratischen Gesinnung, sondern man mußte eine sogenannte «Angströhre» tragen, den Zylinderhut. Der war polizeilich vollständig berechtigt. Durch dieses und manch anderes noch mußte sich Hamerling hindurchwinden. Als ein kleines Zeichen dafür, wie sich die Welt zu dem großen Dichter verhielt, sei nur noch das eine angeführt, wovon ich glaube, daß sich daraus eine bessere Charakterisierung ergibt als durch ein abstraktes Charakterisieren.

Es war, als Hamerling seine Universitätsjahre absolviert hatte und nun die Lehramtsprüfung ablegen sollte. In bezug auf Griechisch, Lateinisch und Mathematik bestand er die Prüfung gut. Geradezu glänzend ist das Zeugnis, das ihm über Griechisch und Lateinisch ausgestellt wurde. Dann aber lesen wir, daß er zwar vorgegeben hatte, einige Bücher über Grammatik gelesen zu haben, aber was er in der Prüfung gezeigt hatte, das hatte nicht darauf hingewiesen, daß er sich gründlich mit der deutschen Sprache und ihrem Studium befaßt hatte. Ein solches Zeugnis wurde einem Manne ausgestellt, der durch das ganz Eigenartige, durch das Einzigartige seines Stiles, die deutsche Sprache so unendlich bereichert hat!

Aus dem Jahre 1851 möchte ich noch ein Erlebnis Hamerlings hervorheben. In jener Zeit lernte er eine Familie kennen, und er wäre einmal dort gern bei einem Abendfest geblieben, aber er konnte nicht dabei sein. Da wurde ihm aber von der Tochter des Hauses ein Gläschen Punsch in seine kleine Studentenstube hinübergeschickt. Und wie wurde ihm? Es wurde ihm so, daß er plötzlich den Drang bekam, Papier und Bleistift zu nehmen, und da fühlte er sich plötzlich in einer anderen Welt. Zuerst sah er, wie in einem großen Tableau eingezeichnet, Bilder der Weltgeschichte. Dann gingen diese Bilder über in ein Chaos von Blüten, Moder, Blut, Molchen, Goldfrüchten, blauen Augen, Harfenklängen, Verwüstungen des Lebens, Kanonendonner und streitende Menschen. Historische Szenen abwechselnd mit Blüten und Salamandern, dann, wie sich herauskristallisierend aus dem Ganzen, eine bleiche, ernste Gestalt mit eindringlichen Augen. Der Anblick dieser Gestalt brachte Hamerling zu sich. Er schaute auf sein Papier. Und auf seinem Papier stand, was, bevor die Vision aufgetreten war, nicht darauf gestanden hat, der Name Ahasver, und unten der Plan zu einer Dichtung «Ahasver».

Das ist das Eigentümliche an Hamerling, daß er ein selten tiefes Interesse hatte für alles, was die Menschenseele bewegen kann in ihren Höhen und Tiefen, vereinigt mit, man möchte sagen, einer Trunkenheit für das Schöne. Daher war es auch, daß es als so glücklich für ihn bezeichnet werden müßte, daß er während einer Zeit von zehn Jahren ein Gymnasiallehreramt in Triest innehatte und diese Zeit an der herrlichen Adria zubringen und dann die Ferien in dem benachbarten Venedig erleben konnte. Dieses Venedig lernte er kennen, so kennen, daß er in späteren Jahren noch die einzelnen Winkel und Gäßchen wußte, die er immer wieder und wieder an den schönen Abenden abgelaufen war. Da leuchtete ihm die Natur entgegen, Schönheit, südliche Schönheit, wonach seine Seele so sehr dürstete. Diese südliche Schönheit, sie blüht noch heraus aus den Dichtungen, die, wie unter seinen Erstlingswerken, schon die eigenartige Begabung Robert Hamerlings anzeigen als dem «Sangesgruß von der Adria». Dann kam seine Dichtung «Venus im Exil», Venus nicht bloß gedacht als die Verkörperung irdischer Liebe, sondern als die Trägerin der Schönheit, die durch den Kosmos waltet und webt, die aber für die heutige Menschheit wie im Exil ist. Und aus dem Exil Schönheit und Liebe zu befreien, das betrachtete Robert Hamerling als seine dichterische Sehnsucht, Dichtersehnsucht. Daher dieses Ihnen vorgelesene Motto:

> Zieh' hin, ein heiliger Bote,
> Und sing' in freudigen Tönen
> Vom tagenden Morgenrote,
> Vom kommenden Reiche der Schönen.

Aber diese Hamerling-Seele konnte nicht vom «tagenden Morgenrote, vom kommenden Reiche der Schönen» singen, ohne hineinzublicken in alle Untergründe der Menschenseele. Und wie sich diese Untergründe der Menschenseele vor Robert Hamerling hinstellten, die Vision über Ahasver hat es gezeigt. Dichterisch stand sie immer wieder und wieder vor seiner Seele, bis er dichterische Gestaltung für die Persönlichkeit des Ahasver fand. So trat sie ihm vor die Seele, daß ihm Ahasver der im Leben gebliebene Keim wurde, der durch das ganze Menschenleben geht als die Personifikation einer menschlichen Individualität, die dem Leben entfliehen möchte und nicht kann, einer menschlichen Individualität, die dann gegenübergestellt wird der Gestalt des Nero in Rom, jener Gestalt, die das Leben immer sucht und es in der sinnlichen Überfülle nicht finden kann, die daher immer suchen muß.

Man sieht, wie die Gegensätze des Lebens an Robert Hamerling herantraten. Das zeigt sich dann noch mehr in seiner Dichtung «Der König von Sion», worin er eine Gestalt schildert, die den Mitmenschen wieder geistiges Heil aus den geistigen Höhen herunterholen will, dabei aber in die menschliche Schwäche verfällt, in die Sinnlichkeit und so weiter. Wie sich die Gegensätze des Lebens berühren, das trat immer wieder vor die Seele Hamerlings. Und er wollte es dichterisch verkörpern. Griechenland stand vor seiner Seele auf, wie er es wieder herstellen wollte. In seiner «Aspasia» schildert er es, jenes Griechenland, wie er es sich vorstellte, schildert das Land seiner Sehnsucht, die Welt des Schönen mit allem, was die Welt des Schönen auch als ihre Schattenseiten an sich tragen kann. Ein wunderbares kulturhistorisches Gedicht wird, als ein Roman in drei Teilen, «Aspasia». Daß man Robert Hamerling nicht verstehen konnte, mir trat es symptomatisch entgegen, wie ich in einem alten Winkel zusammentraf mit einem Menschen, aus dessen Augen Mißgunst strahlte, um dessen Mund Häßlichkeit sich ausdrückte. – Selbstverständlich, nicht körperliche Häßlichkeit soll damit gemeint sein, denn die kann sogar im höchsten Maße schön sein. – Dieser Mensch war einer der bissigsten Kritiker der «Aspasia». Er nahm sich gleichsam so aus, wie der «häßlichste Mensch» dem schönheitstrunkenen Dichter gegenüber, und es ist begreiflich, daß die bissige Seele den schönheitstrunkenen Dichter nicht verstehen konnte!

So war das ganze Streben Robert Hamerlings. Ich hätte viel zu erzählen, wenn ich den ganzen Gang Robert Hamerlings durch die Geschichte wiedergeben wollte. Danton, Robespierre suchte er zu behandeln, bis zu dem Homunkulus hin, worin er das ganze Groteske der modernen Kultur verkörpern wollte. Ich hätte auch viel zu sagen, wenn ich schildern wollte, wie die lyrische Muse Robert Hamerlings auf der einen Seite immer wieder und wieder aus aller Schönheit der Natur, aus allen herrlichen Farben der Natur, anderseits aus allem Geist der Natur die sinnenden Töne zu finden suchte, die seine Dichtungen durchziehen. Und wieder hätte ich viel zu sagen, wenn ich nur andeutend charakterisieren wollte, wie in diesen lyrischen Dichtungen Hamerlings alles das lebt, wodurch die Menschenseele Trost finden kann über das Kleine im Großen, wie ihr aus diesen Dichtungen der unbesiegliche Glaube fließen kann, daß, wie auch die Dämonen der Zwietracht und des Unschönen ihre Herrschaft geltend machen mögen, doch über die Menschenseele das Reich des Schönen kommen kann. Eine Seele war die Seele Hamerlings, die leiden konnte im Leben und die sich freuen konnte mitten im tiefsten, schmerzlichsten Leiden an den Schönheiten der geistigen Wirksamkeit, die um sich schauen konnte die Disharmonien des Tages und tief innerlich versenkt sein konnte, wenn der Sternenhimmel über den Gewässern aufging, in die Schönheiten der Nacht. In sinnvolle Töne konnte Hamerling diese Stimmung fließen lassen.

Wovon ich gern eine Vorstellung hervorgerufen hätte durch Worte, die Hamerling mehr symptomatisch charakterisieren wollten, das ist, daß Robert Hamerling erscheint wie der Dichter aus dem letzten Drittel des 19. Jahrhunderts, der das Bewußtsein der besseren Zukunft der Menschheit unbesiegbar in sich trägt, weil er ganz durchdrungen ist von der Wahrheit der Schönheit im Weltall, daß er der Dichter ist, der zugleich schildern kann, wie der Geist im Menschen Sieger werden kann über alles, was an materiellen Hemmnissen und Hindernissen gegen die geistige Natur des Menschen heranrückt. Nur durch einzelne Züge in Hamerlings Leben wollte ich dieses charakterisieren.

Man versteht Hamerling, den Dichter, nicht, wenn man nicht darauf hinweist, wie dieser Hamerling sein ganzes Leben lang daran gehangen hat, sich die Frage zu beantworten: Wie werde ich ein Mensch? – Alles, was er geschaffen hat, hat menschliche Größe, nicht immer gleich dichterische Größe, denn die dichterische Größe ist bei Hamerling erst eine Folge seiner menschlichen Größe. Es war für Hamerlings Seele immer so, daß es, wenn er dahin, dorthin sah und Disharmonien im Leben erblickte, wie ein unbesieglicher Drang in seiner Seele lebte, die dazugehörige Harmonie zu finden, zu finden, wie sich alles Häßliche auflösen muß vor dem rechten Blick der Menschennatur in Schönheit. Ich möchte, weil dies so charakteristisch ist für Hamerling, ein kleines, unbedeutendes Gedichtchen zum Schluß vorlesen, das in der Anlage, im Gedanken seiner ersten Jugend eigentlich entsprossen ist, das aber, wenn auch in primitiver dichterischer Einfachheit, die Stimmung charakterisiert, die durch sein ganzes Leben gegangen ist.

Löwe und Rose

Es trat auf eine rote
    Rose der Löw' im Zorn;
Da blieb ihm in der Pfote
    Der zarten Blume Dorn.

Es schwoll, es schmerzte die Pranke,
    Der grimme Löw' ist tot;
Frisch labt sich am Morgentranke
    Des Taus die Rose rot!

Sei noch so fein das Feine,
    Das Grobe noch so grob,
Das Feine, Zarte, Reine,
    Das Schöne siegt doch ob!

Das war Hamerlings Stimmung – das geht aus allem, was er geschaffen hat, hervor –, die sein ganzes Leben durchzog:

Sei noch so fein das Feine,
    Das Grobe noch so grob,
Das Feine, Zarte, Reine,
    Das Schöne siegt doch ob!

DIE ERWECKUNG SPIRITUELLER GEDANKEN
ALS ZEITFORDERUNG

Basel, 5. Mai 1914

Es ist mir eine besondere Befriedigung, daß wir uns hier zusammen-finden können, gewissermaßen herausgerissen aus unserer Dornacher Bauarbeit. Allein es schien mir eine Unmöglichkeit, so rein räumlich in unmittelbarer Nähe unseres Baues zusammenzusein, und nicht auch zusammenzukommen, um anthroposophische Dinge zu besprechen. Hoffentlich ergibt sich die Möglichkeit, dies ab und zu während des Jahres mehrmals zu tun, da ja sonst gerade unsere am Bau arbeitenden Freunde weniger Gelegenheit haben würden, an solchen Besprechungen teilzunehmen, als sie schließlich in den Zeiten haben, in denen sie ihre Kräfte nicht diesem Bau widmen.

Womit wir heute beginnen möchten, das sollen einzelne Betrach-tungen sein über das geistige Leben, die uns nützlich sein können, wenn wir einmal in ruhiger Stunde eine Überschau halten über die Frage: Welche Bedeutung kann für uns als menschliche Seelen die Geisteswis-senschaft, welche Bedeutung kann das anthroposophische Leben ha-ben? – Es könnte ja, insbesondere demjenigen Menschen der Gegenwart, der noch wenig sich eingelebt hat in anthroposophisches Denken und Fühlen und Empfinden, sehr leicht scheinen, als ob die Frage berech-tigt sein könnte: Ja, wozu braucht man sich eigentlich zu kümmern um das geistige Leben, um die geistige Welt, da wir doch jedenfalls – so könnte ja auch der materialistisch Gesinnte sagen – nach dem Tode in diese geistige Welt hineinversetzt werden und dann schon erfahren werden dasjenige, was wir über sie zu erfahren haben. Warum sollten wir uns nicht damit begnügen können, hier in diesem Leben zwischen Geburt und Tod einfach dasjenige zu tun, was sich aus dem Leben in der physischen Welt eben ergibt, und warum sollten wir unserem Leben einen Nachteil bringen, wenn wir unsere physischen Pflichten tun, die sich in der physischen Welt ergeben, und im übrigen im Un-bestimmten lassen dasjenige, wie es sich mit der geistigen Welt ver-halten mag? – Es ist das ein Ausspruch und eine Frage, die man ja oftmals gehört hat, als die materialistische Hochflut, namentlich im letzten Drittel des 19. Jahrhunderts, über die Menschheitsentwickelung dahin ging. Und es waren gar nicht immer die ethisch schlechtesten Seelen, die sagten: Seien wir doch während unseres Lebens auf Erden bedacht auf die Pflichten, die uns auf Erden erwachsen, und überlassen wir das übrige einer Welt, die wir nach dem Tode etwa betreten. – Oft hat man das hören müssen.

Nun sei zunächst auf eines aufmerksam gemacht, welches für den Verständigen, der nun beginnt sich einzuleben, man möchte nicht einmal sagen in Geisteswissenschaft, sondern nur in ein wirklich logisches Denken, es sei etwas erwähnt, was für ihn sogleich einleuchtend sein kann. Der Mensch verbringt ja eigentlich nur einen Teil der Zeit zwischen Geburt und Tod wirklich in der physischen Welt, das heißt, er verbringt in der physischen Welt die Zeit, in der er wach ist. Und mindestens müßte derjenige, der vielleicht noch wenig an das Denken über die geistige Welt herangetreten ist, jedoch logisch denken kann, zugeben, daß der Mensch in seinem bewußten Seelenleben über das Schlafleben zunächst ebensowenig unterrichtet ist wie über das Leben nach dem Tode. Und nicht gut kann schließlich ein logisches Denken das Fortleben im Schlafe ableugnen, es müßte dann ein solches logisches Denken sich abfinden können mit der Behauptung, daß man wirklich an jedem Abend zugrunde geht und am morgen neu entsteht. Das wird ein logisches Denken wohl nicht tun, aber ebensowenig wird sich ein wirklich logisches Denken entschließen können zu behaupten, daß in dem schlafenden Leibe, der im Bette liegt, wirklich der ganze Mensch enthalten sei. Mindestens müßten die Leute über die Tatsache des Schlafes nachdenklich werden. Und wenn die Leute über die Tatsache des Schlafes nachdenklich werden, wird ihnen das schon einen Impuls geben, sich doch ein wenig auseinanderzusetzen mit dem, was Geisteswissenschaft der Welt zu geben hat. Gerade die Naturwissenschaft wird immer mehr und mehr dazu kommen, einzusehen, daß in dem schlafenden Menschen, das heißt in dem physischen Leib des schlafenden Menschen, das eigentlich seelische Wesen des Menschen nicht vorhanden ist, nicht da ist. Aber wohl kaum wird dieses Jahrhundert naturwissenschaftlicher Entwickelung zu Ende gehen, ohne daß die Na-

turwissenschaft auch aus sich heraus diese Erkenntnis, die eben angedeutet worden ist, haben wird. Dann wird diese Naturwissenschaft
schon anfragen bei der Geisteswissenschaft, und dann wird sie durch
sich selbst gezwungen werden, diese Naturwissenschaft, anzuerkennen,
daß das, was wir des Menschen geistig-seelische Wesenheit nennen,
wirklich außer Verbindung ist mit dem Leiblich-Physischen im Schlaf.
Und dann wird wichtig werden, immer wichtiger werden für die Menschen des 20. Jahrhunderts, etwas über diesen Schlaf zu wissen. Und
uns eine Vorstellung zu machen über dasjenige, was im Laufe des 20.
Jahrhunderts die Menschen werden wissen müssen über die Natur des
Schlafes, damit wollen wir heute beginnen.

Wir wissen ja aus unseren geisteswissenschaftlichen Studien, daß der
Mensch mit den zwei Gliedern seiner Wesenheit, dem Ich und dem
Astralleib, aus dem physischen und dem Ätherleib heraus ist, wenn der
Mensch schläft. Wir können die Frage aufwerfen: Ja, wo sind denn
Ich und Astralleib während des Schlafes? – Zunächst können wir antworten: Nun, in der geistigen Welt. – Ja, in dieser geistigen Welt sind
wir ja aber eigentlich immer. Wir sind in der geistigen Welt wirklich
immer drinnen, weil ja diese geistige Welt nicht irgendwo abgesondert
ist von der äußeren Welt; sondern wie uns physisch die Luft überall
umgibt, so umgibt uns geistig die geistige Welt. Wir sind also auch im
wachenden Zustand in der geistigen Welt immerfort drinnen. Aber wir
sind im Schlaf anders in dieser geistigen Welt, als wir im Wachzustand
darin sind. Nun genügt es ja gewissermaßen, ich möchte sagen für die
gewöhnlichsten nächsten Bedürfnisse der Geisteswissenschaft, die Sache
so zu sagen: Man ist mit seinem Ich und Astralleib außerhalb des physischen und Ätherleibes im Schlaf. Aber man sagt, indem man dieses
ausspricht, doch im Grunde genommen nur die halbe Wahrheit. Die
halbe Wahrheit sagt man ja, aber man sagt eben nur die halbe Wahrheit. Es ist so im Grunde genommen, als wenn man sagte: In der Nacht
ist die Sonne außerhalb der Erde. – Nur für diejenigen Bewohner, nicht
wahr, die in Europa leben, ist in der Tat die Sonne außerhalb ihrer
Erde während der Nachtzeit. Aber wir wissen: nicht für alle Bewohner der Erde ist es so. Im Grunde genommen ist es so mit unserer Wesenheit, insofern wir ein Ich und ein Astralleib sind, im Schlaf. Wirk-

lich außerhalb, man möchte sagen, völlig außerhalb unseres physischen und Ätherleibes sind wir mit unserem Ich und Astralleib erst nach dem Tode. Während des Schlafes sind wir, streng genommen, mit unserem Ich und Astralleib außerhalb unseres Blutes und unseres Nervensystems. Aber wenn gleichsam die Sonne unseres Wesens, unser Ich und Astralleib, untergehen für unser Blut und unser Nervensystem, die sie während des Tages durchdringen, so gehen sie auf für die andere Hälfte des Menschen, für die Organe, die nicht Blut und Nervensystem sind. Mit denen steht der Mensch während des Schlafes in einer innigen Verbindung. Wirklich, wie unsere Sonne, die uns während des Tages scheint, wenn sie für uns untergeht, für andere Erdbewohner aufgeht, so ist es mit Ich und Astralleib. Wenn sie untergehen für unser Blut und Nervensystem, so gehen sie auf für die anderen Organe und sind mit diesen dann um so energischer verbunden. Nun sind diese anderen Organe, mit denen nun während der schlafenden Zeit unser Ich und Astralleib verbunden sind, in der Tat diejenigen, welche geradeso wie alles, was in der Welt existiert, aus der Geistigkeit heraus aufgebaut sind. Und nun liegt für unsere Schlafenszeit das Merkwürdige vor, daß wir von unserem Ich und Astralleib aus stark beeinflussen diese außerhalb unseres Nervensystems und unseres Blutes gelegenen Organe unseres Leibes. Während wir bei tagwachender Zeit von unserem Ich und Astralleib aus stark unser Nervensystem und unser Blut beeinflussen, beeinflussen wir unsere anderen Organe und auch das an unseren anderen Organen, was nicht gewissermaßen von Blut und Nerven selber ausgeht, sondern was von unseren Nerven in das Blut hineinspielt, beeinflussen wir dies alles von unserem Ich und Astralleib aus besonders stark im Schlaf.

Wenn das der Fall ist, so ergibt sich etwas anderes, ich möchte sagen, leicht Begreifliches. Das leicht Begreifliche ergibt sich daraus, daß es nicht gleichgültig ist, wie wir mit unserem Ich und Astralleib in den Schlaf hineingehen. Dem Materialisten kann das zunächst ja ganz gleichgültig sein, wie es mit seinem Ich und Astralleib, von denen er ja gar nicht spricht, sich verhält im Schlaf. Derjenige, der die Dinge durchschaut, weiß, daß unsere Organe, insofern sie nicht direkt in Betätigungen des Blutes und des Nervensystems, also im bewußten Leben sich äußern, abhängig sind von dem, was in unserem Ich und Astralleib so ist, daß es sich insbesondere während des Schlafes betätigt. Vielleicht kann man über eine solche Sache am besten durch ein Beispiel sprechen. Ein naheliegendes Beispiel sei genommen.

In unserer Zeit gibt es bekanntlich eine Furcht, die sich ganz sinngemäß vergleichen läßt mit der mittelalterlichen Furcht vor Gespenstern. Das ist die heutige Furcht vor den Bazillen. Die beiden Furchtzustände sind sachlich ganz dasselbe. Sie sind auch insofern ganz dasselbe, als ein jedes der beiden Zeitalter, das Mittelalter und die Neuzeit sich so verhalten, wie es sich für sie schickt. Das Mittelalter hat einen gewissen Glauben an die geistige Welt; es fürchtet sich selbstverständlich dann vor geistigen Wesenheiten. Die neuere Zeit hat diesen Glauben an die geistige Welt verloren, sie glaubt an das Materielle, sie fürchtet sich also vor materiellen Wesenheiten, wenn diese auch noch so klein sind. Ein Unterschied könnte, nicht wahr, sachlich höchstens darin gefunden werden, daß die Gespenster doch wenigstens gewissermaßen anständige Wesen sind gegenüber den kleinwinzigen Bazillen, die keineswegs eigentlich, ich möchte sagen, wirklich Staat machen können mit ihrem Wesen, so daß man sich wirklich so ernsthaftig fürchten könnte vor ihnen wie vor einem anständigen Gespenst. Nun soll ja damit selbstverständlich nicht gesagt werden, daß die Bazillen durchaus gepflegt werden sollen, und daß es etwas Gutes ist, recht viel sozusagen mit Bazillen zusammenzuleben. Das soll durchaus nicht gesagt werden. Aber es widerspricht auch nicht dem, was gesagt wurde, denn schließlich Bazillen sind gewiß da, aber Gespenster waren auch da. Für diejenigen, die an die geistige Welt wirklich glauben konnten, ist nicht einmal in bezug auf Realität ein Unterschied in dieser Beziehung.

Nun handelt es sich darum, und das ist das Wesentliche, was heute hevorgehoben werden soll, daß Bazillen nur dann gefährlich werden können, wenn sie gepflegt werden. Pflegen soll man die Bazillen nicht. Gewiß, da werden uns auch die Materialisten recht geben, wenn wir die Forderung aufstellen, Bazillen soll man nicht pflegen. Aber wenn wir weitergehen und vom Standpunkt einer richtigen Geisteswissenschaft davon sprechen, wodurch sie am meisten gepflegt werden, dann werden sie nicht mehr mitgehen, die Materialisten. Bazillen werden am intensivsten gepflegt, wenn der Mensch in den Schlafzustand hineinnimmt nichts anderes als materialistische Gesinnung. Es gibt kein besseres Mittel für diese Pflege, als mit nur materialistischen Vorstellungen in den Schlaf hineinzugehen und von da, von der geistigen Welt, von seinem Ich und Astralleib aus zurückzuwirken auf die Organe des physischen Leibes, die nicht Blut und Nervensystem sind. Es gibt kein besseres Mittel, Bazillen zu hegen, als mit nur materialistischer Gesinnung zu schlafen. Das heißt, es gibt noch wenigstens ein Mittel, das ebensogut ist wie dieses. Das ist, in einem Herd von epidemischen oder endemischen Krankheiten zu leben und nichts anderes aufzunehmen als die Krankheitsbilder um sich herum, indem man einzig und allein angefüllt ist mit der Empfindung der Furcht vor dieser Krankheit. Das ist allerdings ebensogut. Wenn man nichts anderes vorbringen kann vor sich selber als Furcht vor den Krankheiten, die sich rundherum abspielen in einem epidemischen Krankheitsherd und mit dem Gedanken der Furcht hineinschläft in die Nacht, so erzeugen sich in der Seele die unbewußten Nachbilder, Imaginationen, die durchsetzt sind von Furcht. Und das ist ein gutes Mittel, um Bazillen zu hegen und zu pflegen. Kann man nur ein wenig mildern diese Furcht durch werktätige Liebe zum Beispiel, wo man unter den Verrichtungen der Pflege für die Kranken etwas vergessen kann, daß man auch angesteckt werden könnte, so mildert man auch durchaus die Pflegekräfte für die Bazillen.

Diese Dinge werden ja in der Geisteswissenschaft nicht bloß vorgebracht, um auf den Egoismus der Menschen zu spekulieren, sondern um Tatsachen der geistigen Welt zu schildern. So sehen wir, daß wir es eigentlich im Leben in diesem konkreten Fall sehr wohl mit der geistigen Welt zu tun haben, denn wir wirken tatsächlich selber aus der geistigen Welt heraus vom Einschlafen bis zum Aufwachen. Und wahrhaftig mehr als durch alle Mittel, die jetzt von der materialistischen Wissenschaft vorgebracht werden gegen all das, was Bazillen heißt, wahrhaftig mehr, unsäglich reicher für die Menschheitszukunft könnte man wirken, wenn man den Menschen Vorstellungen überlieferte, durch die sie vom Materialismus weggebracht werden und zu werktätiger

Liebe vom Geiste aus angespornt werden könnten. Immer mehr und mehr muß sich im Laufe dieses Jahrhunderts die Erkenntnis verbreiten, wie die geistige Welt auch für unser physisches Leben absolut nicht gleichgültig ist, wie sie für die physische Welt ihre durchdringende Bedeutung hat, weil wir in der Tat vom Einschlafen bis zum Aufwachen in der geistigen Welt drinnen sind und da von ihr aus wirksam bleiben für den physischen Leib. Wenn sich das auch nicht unmittelbar zeigt, so ist es doch der Fall.

Nun wird man sich an eines gewöhnen müssen, wenn man diese Dinge im richtigen Lichte betrachten will. Man wird sich daran gewöhnen müssen, daß dasjenige, was man direkt als Heilkraft der Geisteswissenschaft zu betrachten hat, wirken muß durch die menschliche Gemeinschaft. Denn man möchte sagen, was hätte es für eine Bedeutung, wenn irgendein einzelner Mensch da oder dort in die geistigen Welten beim Einschlafen hineingeht jedesmal mit denjenigen Gedanken, die der geistigen Welt zugeneigt sind, und ringsherum sind die anderen, die mit materialistischen Gedanken, materialistischen Empfindungen und Furchtempfindungen – die ja immer mit dem Materialismus zusammenhängen –, Heger und Pfleger der Bazillenwelt sind. Was ist sie eigentlich, diese Bazillenwelt? Ja, da kommen wir auf ein Kapitel, über das etwas zu wissen, recht wesentlich ist für das menschliche Leben. Wenn wir draußen in der Natur die Luft erfüllt finden mit Vogelgattungen aller Art, das Wasser mit Fischen, wenn wir verfolgen dasjenige, was kriecht über die Erde, was sich auf ihr tummelt und so den äußeren Sinnen zeigt, was da lebt in der Natur, da haben wir es zu tun mit Wesenheiten, von denen wir eigentlich durchaus ganz richtig sprechen, wenn wir sagen: Sie sind doch in irgendeiner Form, selbst dann, wenn sie da oder dort schädlich eingreifen in die Naturwirkungen, sie sind doch Geschöpfe der sich fortentwickelnden Gottheit. In dem Augenblick aber, wo wir auf diejenigen Wesen kommen, die den Wohnplatz ihres Wirkens in anderen lebenden Wesen haben, in Pflanzen, Tieren oder Menschen, da haben wir es zu tun, insbesondere wenn es sich handelt um bazillenähnliche Geschöpfe, die im tierischen oder menschlichen Leibe, namentlich die im menschlichen Leibe sind, da haben wir es allerdings auch zu tun mit Geschöpfen von geistigen Wesenheiten, aber mit Geschöpfen Ahrimans. Und richtig betrachtet man die Anwesenheit solcher Geschöpfe innerhalb unserer Welt, wenn man sich klar darüber ist, daß alle diese Wesenheiten zusammenhängen mit geistigen Tatsachen, mit den Beziehungen des Menschen zu Ahriman. Und diese Beziehungen des Menschen zu Ahriman werden hergestellt, wie wir wissen, durch materialistische Gesinnung oder rein egoistische Furchtzustände. Und richtig betrachtet man das Verhältnis, in dem vorhanden sind solche parasitäre Wesenheiten in der Welt, wenn man sagt: Da wo sich diese parasitären Wesenheiten zeigen, sind sie ein Symptom für das Eingreifen Ahrimans in die Welt. Und wenn wir an einem solchen Beispiel sehen, daß es tatsächlich nicht einerlei ist, ob der Mensch, wenn er des Abends einschläft, in die geistige Welt, in der er ist zwischen Einschlafen und Aufwachen, hinübernimmt reine materialistische Vorstellungen oder geistige Vorstellungen, wenn wir einsehen, daß das nicht einerlei ist, dann hören wir auch auf, davon zu sprechen, daß es etwa einerlei sein könnte, schon in dieser Welt etwas zu wissen vom Geiste oder nichts zu wissen vom Geiste. So müssen wir allerdings an einem bestimmten Punkte einsetzen, wenn wir uns so recht vor Augen rücken wollen die große Bedeutung der geisteswissenschaftlichen Forschung schon für dieses menschliche Leben zwischen Geburt und Tod.

Aber wir können auch in ganz andere Gebiete unsere geistigen Augen hinrichten. Immer mehr und mehr wird uns auffallen, wie dieses Leben zusammenhängt mit dem geistigen Leben. Da brauchen wir als Menschen die andere, gleichsam unter dem Menschen stehende Natur, von der wir uns ernähren, aus der wir also unsere Nahrung ziehen. Dasjenige, wovon zunächst eine Zeitlang nach dem Tode die Toten ihre Nahrung ziehen, das sind die Vorstellungen, die Empfindungen, die unbewußten Empfindungen und Gefühle, die die Menschen hier auf Erden in den Schlaf hinübertragen. Für die Toten ist es ein gewaltiger Unterschied, ob irgendwo, sagen wir, eine Schar von Menschen schläft, die sich nur anfüllen während ihres Wachlebens mit lauter materialistischen Empfindungen und Vorstellungen und diese in den Schlaf hinübertragen und im Einschlafen durchdrungen sind von den Nachwirkungen dieser Materialismen, oder ob irgendwo schläft eine Schar von

Menschen, die während des Wachens sich ganz und gar durchdrang mit geistigen Vorstellungen und die auch während des Schlafes noch von solchen durchdrungen ist. Wie eine öde Oberfläche, die nichts von Nahrungsmitteln enthält und auf welcher die Menschen verhungern müßten, sich verhält zu einer fruchtbaren Gegend, die den Menschen Nahrung bietet, so verhält sich für diejenigen, welche durch den Tod gegangen sind, eine Schar von Menschen, die mit materialistischer Gesinnung schläft, zu einer Schar von Menschen, die mit geistigen Vorstellungen schläft. Denn aus dem Erfülltsein der Seelen, die hier auf Erden schlafen, mit geistigen Vorstellungen, ziehen die Toten zunächst viele Jahre nach dem Tode Lebenskraft, die ähnlich ist, nur geistig, nur ins Geistige versetzt, dem, was wir als physische Menschen aus den uns Nahrung gebenden Wesenheiten der unter uns stehenden Naturreichen ziehen. Im buchstäblichen Sinne machen wir uns zum fruchtbaren Acker für die Toten, wenn wir uns erfüllen mit den Vorstellungen, die uns von der Geisteswissenschaft kommen. Und wir machen uns zum öden Felde, durch das wir die Toten aushungern, wenn wir uns zu Schläfern mit materialistischen Vorstellungen und Gesinnungen machen.

Von Geisteswissenschaft jetzt in unserer Zeit zu sprechen, entspringt nicht einem solchen Enthusiasmus, wie der ist, der zu vielen anderen Vereinigungen, zu menschlichen Gesellschaften und dergleichen führt. Sondern es entspringt der Drang, von Geisteswissenschaft zu sprechen, derjenigen Notwendigkeit des Herzens, die einsieht, daß die Menschen im kommenden 20. Jahrhundert diese Geisteswissenschaft brauchen werden. Wie sich auch die Verhältnisse in der äußeren Welt gestalten, derjenige, der intensiv durchschaut, wie notwendig der Welt die Geisteswissenschaft ist, der hat es gar nicht in seiner Gewalt, etwa nicht die Erkenntnisse der Geisteswissenschaft auf die Zunge und in den Mund fließen zu lassen, um sie den Mitmenschen mitzuteilen. Und man empfindet jede Kraft des Wortes, die man gebrauchen kann, als viel zu gering gegenüber der Notwendigkeit, die besteht, die Geisteswissenschaft in immer steigenderem Maße zuzuführen derjenigen Menschheit, die sonst immer mehr und mehr in den Materialismus hineintauchen müßte.

Und wenn wir noch von einer anderen Seite fragen: Wie steht es mit unserem Verhältnis zu denjenigen Verstorbenen, mit denen wir im Leben in Verbindung gestanden haben, von denen wir uns deutliche Vorstellungen machen können, zu denen wir alle solche Beziehungen haben, daß oft an diese gedacht wird? Wie verhält es sich mit unserem Verhältnis zu den Toten in noch anderer Beziehung, als wenn wir eben den Toten geistige Nahrung bieten dadurch, daß wir in den Schlaf hinein geistige Vorstellungen tragen? Wie verhält es sich im Wachleben mit unseren Beziehungen zu den Toten?

Ist dasjenige, was die Toten zu ziehen haben aus dem, was in den Seelen der schlafenden Menschen ist, etwas wie eine Nahrung für die Toten, so ist jeder Gedanke, der in die geistigen Welten hineingeht, der sich mit den geistigen Welten und geistigen Wesenheiten beschäftigt, jeder Gedanke, der so ist, daß er zu den geistigen Welten Beziehung hat, etwas, was die Toten wahrnehmen können, was sie entbehren müssen, wenn wir keine solche Gedanken hegen. Vorstellungen, die bloß auf die materielle Welt sich beziehen, auf dasjenige, was draußen in der Natur ist, die leben in unserer Seele so, daß die Toten sie nicht sehen können, die haben keine Bedeutung für die Toten. Wir können noch so gelehrt, noch so weise über die Dinge der äußeren Natur nachdenken, unsere Gedanken sind ein Nichts für die Toten. In dem Augenblick, wo wir Gedanken hegen, die sich auf die geistige Welt beziehen, sind die Gedanken unmittelbar da für die Toten, nicht nur für die Lebendigen, sondern auch für die Toten.

Daher ist es öfters schon unseren Freunden empfohlen worden: Wenn irgendeine Persönlichkeit, mit der sie in Verbindung gestanden haben, in der geistigen Welt weilt, so lese man ihr vor in Gedanken. Man verbildliche sich die betreffende Persönlichkeit und gehe in Gedanken lesend das durch, was von der geistigen Welt handelt. Dann liest der Tote mit. Man darf nicht glauben, daß das bedeutungslos ist. Der Tote in der geistigen Welt ist zwar in derjenigen Welt, von der wir wissen aus der Geisteswissenschaft. Aber die Gedanken über die geistige Welt müssen auf Erden erzeugt werden. Der Tote soll nicht nur die geistige Welt wahrnehmen, die allerdings um ihn herum ist. Er braucht die Gedanken derjenigen, die auf Erden leben. Diese Gedanken sind für ihn etwas wie eine Wahrnehmung. Das Schönste, Bedeutsamste, was wir den Toten schenken können, ist, ihnen vorzulesen in dieser geschilderten Weise. Immer wiederum, wenn gefragt wird, womit wir den Toten etwas geben können, so muß geantwortet werden: Mit dem Vorlesen irgendeines geistigen Inhaltes. – Und wenn jemand doch Zweifel haben sollte, ob das nützlich ist, da der Tote ja in der geistigen Welt weilt, braucht man nur zu überlegen, daß in der sinnlichen Welt einer ebenfalls ringsherum von Dingen und Wesenheiten umgeben sein kann, aber doch keine Ideen von ihnen haben kann. Die muß man sich erst erwerben. So kann der Tote in der geistigen Welt sein; er ist da. Aber die Gedanken müssen ihm strömen von der Erde hinauf. Wie der segnende Regen aus der Wolke für die physische Erde strömen muß, so die leuchtenden Gedanken in diejenigen Regionen hinauf, in denen der Tote zu verweilen hat.

Alle diese Beispiele zeigen uns, was für eine große, was für eine unendliche Bedeutung das Erleben der geistigen Welt in Gedanken schon hat auch für unsere physische Welt und wie unberechtigt der Einspruch ist, daß man ja warten könnte bis nach dem Tode mit dem Wissen über das, was in der geistigen Welt vorhanden ist. Wahrhaftig, gerade eine genaue Betrachtung der geistigen Welt zeigt so recht, daß der Mensch nicht umsonst auf der Erde ist, daß er auf der Erde ist, um auf der Erde etwas zu erwerben, was nirgends anderswo in der Welt erworben werden kann als nur auf der Erde, was ein Gut ist von solcher Bedeutung, daß der Lebende es dem Toten noch schenken kann.

Und auch in vielen anderen Beziehungen zeigt sich der innige Zusammenhang zwischen dem Leben hier auf Erden zwischen Geburt und Tod und dem Leben unmittelbar nach dem Tode. Nur ist es schwer, über diesen Zusammenhang im Konkreten zu sprechen, weil sie so furchtbar leicht mißverstanden werden, diese Worte. Der Mensch ist zur Einseitigkeit ganz veranlagt, und wenn man von irgendeiner Sache spricht, dann ruft das, insbesondere wenn es sich auf die geistige Welt und auf geistige Wesenheiten bezieht, ein Mißverständnis aus gewissen Beweggründen des menschlichen Herzens hervor. Wenn man erzählt in einem Einzelfall, daß dieser oder jener Zusammenhang eines menschlichen Lebens hier auf Erden und nach dem Tode besteht, dann wird so leicht aus der Schilderung eines solchen Einzelfalles aus einem leicht begreiflichen menschlichen Egoismus heraus etwas ganz Mißverständliches gefolgert, nämlich man wendet den Fall auf sich selber an. Wenn von einem besonderen, konkreten Menschen erzählt wird, er erlebt dieses oder jenes, so denkt der Mensch so leicht: mit mir verhält es sich ganz anders, daher erlebe ich nicht etwas so Schönes. Und statt daß der Zuhörer Befriedigung hätte über die Mitteilung der Erlebnisse, empfindet er etwas, was aus dem Gefühl des Egoismus heraus geboren ist: daß er nicht ebenso Schönes haben kann nach dem Tode.

Sobald man auf einen einzelnen Fall eingeht, nicht so im Allgemeinen herumredet, muß der Mensch das selbstlose Gefühl entwickeln, auf das Schicksal eines anderen hinzuschauen, ohne Schlüsse auf das eigene Leben zu ziehen und nun etwa zu sagen: Habe ich es nicht ebenso, entgeht mir das, was da erzählt wird. – Also dieses und ähnliches sind wirklich Beweggründe zu Mißverständnissen. Und ich muß vorausschicken, daß solches Mißverständnis leicht entstehen kann, weil ich vermeiden will, indem ich dieses sage, daß sich solches Mißverständnis bilde.

Vor kurzem ist ein sehr lieber Freund von uns verstorben, dessen Einäscherung eine große Anzahl der hier versammelten Freunde beigewohnt hat. Er hätte morgen seinen dreiundvierzigsten Geburtstag gehabt, am 6. Mai. Der Betreffende hat in den letzten Jahren seines Lebens hier viel gelitten. Ich möchte sagen, wie in Parenthese möchte ich einflechten eine wunderbare Ausführung seiner letzten Zeiten, von denen mir seine Gattin vor kurzem gesprochen hat. Unser Freund hat sich gewehrt in der Zeit, in der er viel litt, nicht dagegen etwa, sich tatsächlich zuzugestehen, daß er leiden müsse, aber er hat sich gewehrt dagegen, krank zu sein. Er sei nicht krank, sagte er. Er litte zwar, aber er sei nicht krank. Und er wollte durchaus, daß ein solcher Ausspruch nicht als Wortklauberei aufgefaßt werde, sondern daß dadurch wirklich etwas gesagt werden soll. Es war diese von ihm geprägte Definition: Ich leide zwar, aber ich bin nicht krank – entsprungen aus dem Bewußtsein, dasjenige, was ich als geistige Wissenschaft in mir tragen kann, was mich als geistige Wissenschaft innerlich hält und trägt, macht alle Anfechtungen des Krankseins zunichte. Ich spüre, daß ich leide, aber die Gesundheit meiner Seele ist so groß, daß, wenn ich dagegen auf meine körperlichen Zustände blicke, ich mich nicht krank nennen darf. Man könnte noch viel reden über diese Definition. Es ist etwas ungeheuer Bedeutungsvolles, etwas, was so recht geeignet ist, als Empfindung die menschliche Seele zu durchdringen.

Aber nun, wenn man den Betreffenden verfolgt, wie er seine letzten Erdenjahre in einem kranken Leib, in einem leidenden Leib, in dem er sich nicht krank wußte, sondern nur leidend, zubrachte, wenn man dies vergleicht mit dem jetzt nun beginnenden geistigen Leben des betreffenden Freundes, so bekommt man ein würdiges Bild von den Zusammenhängen des Lebens zwischen Geburt und Tod und dem Leben nach dem Tode. Vorbereitet hat sich – ich erzähle eine Tatsache der geistigen Welt – in diesem Leibe, der das äußerliche Symptom des Krankseins hatte, eine Summe von Imaginationen. Eine Summe von Imaginationen lebte sozusagen in den kranken Gliedern, starke Imaginationen. Er war ganz erfüllt von dem Inhalt der geistigen Welten, und sie lebten so, daß sie in all diejenigen Organe hineinwirkten, deren sich der Mensch nicht so bewußt ist im täglichen Leben, wie er sich seines Gehirns oder Nervensystems bewußt ist – die er also mehr in seinem unterbewußten Leben durchlebte –, sie lebten dadrinnen und sie konnten um so leichter darin leben, je äußerlich kränker diese Organe waren. Und sie präparierten sich und stehen nun als ein gewaltiges Tableau der geistigen Welt vor der Seele des Toten, der nun in diesen Vorstellungen lebt, die eingefangen waren gerade während seiner letzten Lebensjahre in den Kerker seiner kranken Organe, aber die sich vorbereitet haben in solcher Dichte, daß er sie jetzt als seine Welt außer sich im Geiste hat.

Schönere Welten, oder vollkommener, auf schönere Art sehen den geistigen Kosmos, als zu sehen, wie er erblüht, sich aufbauend mit geistiger Kunst, schöner dies Phänomen zu beobachten, ist nicht leicht möglich als durch eine solche Tatsache. Alles das, was etwa der Künstler schafft, der hier auf dem physischen Plan steht und in Schöne erstehen läßt ein Stück Welt – so daß wir durch das Bild, das er auf die Leinwand oder im Marmor hinzaubert, mehr sehen von der Welt, als wir von uns aus sehen können, ist eine Kleinigkeit gegenüber dem, wenn wir sie wieder sehen, die geistige Welt, wie sie da ist auf der einen Seite, man möchte sagen, so wie sie an sich ist und dann wieder, wie sie ersteht, aufblühend aus der Seele eines Toten, der durch sein Karma in solcher Weise, wie ich es ausgeführt habe, vorbereitet ist. Wie er vorbereitet war, das werden besonders seine Dichtungen zeigen, die jetzt im Druck sind und demnächst erscheinen werden. Denn sie werden zeigen, daß diese ganze Art des geistigen Lebens, des Hinübergehens auch in die geistige Welt nach dem Tode, innig zusammenhängt mit dem, was wir seit Jahren innerhalb unserer Geisteswissenschaft den Christus-Impuls nennen. Schön lebt dieser geisteswissenschaftlich gemeinte Christus-Impuls in diesen Dichtungen.

Im Zusammenhang mit dieser Tatsache, von der ich sprach, die wahrhaftig fühlen lassen kann das Verhältnis der Welt, die wir durchlaufen zwischen Geburt und Tod mit derjenigen wiederum zwischen Tod und neuer Geburt, steht nun etwas, was ich daranschließen möchte, so anschließen möchte, daß ich nicht in abstrakten Gedanken den Zusammenhang ausführe, sondern so, daß ich Sie erfühlen lasse den Zusammenhang. Sehen Sie, man kann hier auf dem physischen Plan ein törichter oder ein gescheiter Mensch sein, man kann auch ein gelehrter Mensch sein: für das Leben nach dem Tode hat das nicht viel Bedeutung, ob man auf dem physischen Plan ein törichter, ein gescheiter oder ein gelehrter Mensch war, wenn sich das Törichte, Gescheite, Gelehrte auf Dinge der physischen Welt bezieht. Wir können noch so gescheit über die Dinge der physischen Welt denken, die Gedanken, namentlich die Art des Denkens über die physische Welt, nützt uns gar nichts, sobald wir durch die Pforte des Todes geschritten sind. Dies hat dann gar keine Bedeutung. Wenn der Mensch durch die Pforte des Todes geschritten ist, braucht er Gedanken, Vorstellungen, Empfindungen, die sich nicht auf die physische Welt beziehen, die haben dort allein Bedeutung.

Nun möchte ich Ihnen zunächst dasjenige, was ich gesagt habe, in einer etwas grotesken, paradoxen Weise mitteilen. Aber stoßen Sie sich nicht an dem Paradoxen, es wird sich uns gleich zeigen, was ich damit sagen will. Nehmen wir an, ein Mensch würde ablehnen irgend etwas zu denken, wozu er nicht aufgefordert wird durch die Sinneswahrnehmungen. Und sobald irgend etwas an ihn herankommt und irgendwelche Gedanken in ihm keimen, sagt er: Ich will dich nicht, ich gehe von dem aus, was die Augen sehen, was die Ohren hören, darüber will ich denken. Mit dem anderen bleibt mir vom Leibe, ich selber bleibe mir damit vom Leibe. – Ein solcher Mensch nimmt keine Kraft auf, die er nach dem Tode gebrauchen könnte. Er kommt blind hinein in die Zeit zwischen Tod und neuer Geburt. Nehmen wir nun weiter an, ein Mensch hätte eine lebhafte Phantasie und fände es unbequem, heranzukommen an die Geisteswissenschaft, allerlei zu lernen, so nach und nach erst etwas zu lernen. Er fände es viel bequemer, sich alle möglichen Vorstellungen zu machen aus der Phantasie heraus über die geistige Welt, er dächte sehr viel aus bloßer Phantasie heraus über die geistige Welt, so daß er auf einer Seite hätte alles dasjenige im Vorstellungsleben, was von der Sinnenwelt handelt und dann auf der anderen Seite noch alle möglichen Phantasievorstellungen über die geistige Welt. Ein solcher Mensch unterschiede sich allerdings von dem, der sagt: Bleibt mir vom Leibe mit den Vorstellungen von der geistigen Welt –, denn derjenige, der nichts wissen will von der geistigen Welt, der geht wie ein Blinder in die geistige Welt. Derjenige, der sich wenigstens Phantasievorstellungen macht, hat solche Seelenkräfte, daß er allerdings als ein Sehender in die geistige Welt hineinkommt, aber er wird ein solcher Sehender, wie in der physischen Welt einer ein Sehender ist, der lauter Fehler in seinem Auge hat, so daß er überall falsch sieht. Und das bedeutet in der geistigen Welt noch viel Schlimmeres als in der physischen Welt, denn wenn einer in der geistigen Welt alles falsch sieht, so heißt das, auf Schritt und Tritt in der geistigen Welt Verwirrung stiften. Aber wir können eines sehen aus dem, was gesagt worden ist, wenn auch in grotesker Weise, wir können sehen, daß der Mensch Vorstellungen braucht, die über das sinnliche Leben hinausgehen, wenn er wirklich ein Bürger der geistigen Welt sein will, und das muß er sein. Er kann es entweder in verkrüppeltem Zustande sein – so ist der, der nur sinnliche Vorstellungen aufnehmen will, oder der seiner Phantasie die Zügel schießen läßt –; sonst braucht er Orientierung, die über die sinnliche Welt hinausgeht.

Damit die Menschen nun, so wie sie sich auf Erden entwickeln, nicht bloß Vorstellungen hatten, die von physischen Dingen angeregt sind, oder damit sie sich über die geistige Welt nicht nur Phantasievorstellungen machten, erschienen im Laufe der Zeit die einzelnen Religionsstifter. Wenn wir sie durchnehmen mit den Lehren, die sie den Menschen gegeben haben, so war das Ziel aller dieser Religionsstifter, den Menschen solche Vorstellungen zu geben über die übersinnliche Welt, daß sie in unverkrüppeltem Zustand in diese übersinnliche Welt hineinkommen konnten. Je nach dem Bedürfnis der Zeitalter und der Völker haben die Religionsstifter den Menschen solche Vorstellungen gegeben.

Unser Zeitalter ist ein anderes als diejenigen vergangener Zeiten Unser Zeitalter ist ein solches, daß wir heranwachsen müssen – und ich bitte, dieses Wort nicht im äußeren Sinn zu nehmen, sondern in tief innerem Sinne – zu einer mündigen Menschheit. Zu einer mündigen Menschheit, die durch die eigene Seele finden muß den Weg in die geistigen Welten hinauf. Die Religionsstifter der alten Zeiten redeten vor einer unmündigen Menschheit. Sie redeten zu *der* Menschheit, durch die alle unsere Seelen auch durchgegangen sind. Die Religionsstifter dieser alten Zeiten kannten ihre Zeiten und sie wußten, daß sie so, wie sie einstmals zur Menschheit gesprochen haben, zu der Menschheit, die der Zukunft entgegenleben soll, nicht würden sprechen können. Denn diese muß mündig werden. Nehmen wir an, der Angehörige eines Volkes der alten Zeiten, er hätte sich entweder auf die sinnlichen Vorstellungen beschränken oder aber zu Phantasievorstellungen greifen müssen je nachdem würde er verkrüppelt oder wenigstens doch verwirrt in die geistige Welt hineingekommen sein. Da kam der Religionsstifter. Er brachte wahre Vorstellungen aus der geistigen Welt heraus. Der Angehörige eines Volkes der verflossenen Zeit sagte sich: Nicht ich, insofern ich sinnlich wahrnehme, insofern ich in meiner Phantasie arbeite, sondern die Religionsstifter, *Zarathustra*, *Buddha*, *Krishna*, sie sind es, die Vorstellungen in mir anregen, durch die ich den Einlaß in die geistige Welt finde. – Ob das Ich Verwirrung stiftet oder blind wird, der Mensch *dieses* Zeitalters muß mündig sein. Daß er als Mündiger den Weg finden kann in die geistige Welt, dazu hat sich vollzogen das Mysterium von Golgatha. Nicht mehr erscheint der Religionsstifter als solcher vor der äußeren Menschheit, wie er früher erschienen ist. Denn diejenigen, die den Christus mit den alten Religionsstiftern auch nur vergleichen, die verstehen gar nichts von dem Christus. Denn der Christus hat zunächst gewirkt durch eine Tatsache, die anderen Religionsstifter durch die Lehren. In dem Augenblick, wo man den Christus einen Weltenlehrer nennt, bezeugt man, daß man gar nicht weiß, wer der Christus ist. Dasjenige, worauf es bei dem Christus ankommt, ist die Tat, die er vollbracht hat, die sich vollzogen hat von dem Ergebnis an, welches wir sehen in der Johannestaufe bis zu der Kreuzigung auf Golgatha. Was da für die Menschheit geschieht, ist im Geistigen dasjenige, worauf es ankommt. Was da geschehen ist, das ist das, was die Menschenseelen beseligen kann seit jener Zeit, das Wort, das Paulus ausgesprochen hat: «Nicht ich, der Christus in mir.» Denn der Christus ist der Weg in die geistige Welt geworden, weil er in diese Welt hereingebracht hat die geistige Welt, die der Mensch braucht, wenn er nicht ein Krüppel oder ein Blinder in der geistigen Welt sein soll. Man kann ja heute den Christus ableugnen, man kann herumgehen in der Welt und kann sagen: Es ist kein Beweis dafür da, daß der Christus in der Außenwelt gelebt hat im Leibe des Jesus von Nazareth. – Gewiß, man hat es sogar bewiesen, daß kein historischer Christus da war. Man beweist aber damit nur, daß man nicht weiß, worauf es ankommt. Hätte der Christus irgendwo an einen Felsen eingekratzt, für alle späteren Geschlechter: Ich bin da gewesen –, so hätten alle späteren Geschlechter aus der Sinnenwelt heraus die Tatsache gewußt, dann hätten sie es nicht zu glauben brauchen. Daß eben dieses nicht der Fall war, daß man ihn nicht erkennen kann mit sinnlichen Mitteln, sondern daß man ihn erkennen muß mit der Kraft des Geistes, das ist das Erlösende, das ist die tiefe Bedeutung, die in ihm liegt. So muß man es auffassen, dann findet man ihn in unmittelbarer Verbindung mit demjenigen, was den Menschen schon hier auf Erden heraushebt aus der sinnlich-physischen Welt und ihn in die geistige Welt hinein erhebt. Denn für den, der sich nicht in die geistige Welt erheben kann, ist alles das gar nicht da, regt immer wiederum den Zweifel an.

Damit hängt es zusammen, daß es eine so ungeheure Wohltat ist, wenn ein Mensch, der gerade so ganz in der modernen Bildung und Gesittung, in Wissen und Kunst darin lebt, auf eine Christus-Vorstellung stoßen kann, die so sich entwickelt hat, daß sie der ganzen modernen Gesittung wohl angemessen ist. Das wird die anthroposophische Christus-Vorstellung unserer Geisteswissenschaft sein. Manches wird es uns lehren. Es wird uns lehren, auch den richtigen Standpunkt zu gewinnen gegenüber der äußeren Welt.

Oh, diese äußere Welt! Auf welchem Wege ist sie heute! Ich habe einiges schon letzthin im Vortrag, den ich öffentlich halten durfte, angedeutet. Hier kann man noch genauer darüber sprechen. Gewiß, man muß sie bewundern, diese materielle Kultur und alles dasjenige, wozu Technik, Industrie und so weiter es gebracht haben. Unendliche Geisteskraft ist hineingeflossen in dieses materielle Leben, und es beansprucht viele menschliche Geisteskräfte. Aber diese menschlichen Geisteskräfte, wem dienen sie denn? Sofern sie die materiellen Bedürfnisse der modernen Menschheit befriedigen, dienen sie dem Ahriman. Was der Christus Jesus einmal durchlebt hat – die Versuchung durch Ahriman –, wahrhaftig, die gewöhnlichen Menschenseelen, sie können nicht auf einmal diese Erschütterung durchleben. Es muß sich für die Menschen verteilen diese Versuchung. Aber es gehört zu dieser Verteilung der Versuchung, daß der Mensch zugerufen erhält von Ahriman: Ja, denke nur mit der Kraft deiner Wissenschaft, mit alldem, was du herausfinden kannst durch die auf Technik, Industrie und so weiter angewandte Wissenschaft. Denke nur mit alldem, und wende das auf nichts anderes an als auf das äußere Erdenleben. Mir kann es schon recht sein. Wenn du mich nicht siehst, finde ich es allerdings – so meint Ahriman – angemessen meinen Zwecken. Verachte nur Vernunft und Wissenschaft, des Menschen allerhöchste Kraft: da habe ich dich schon unbedingt, wenigstens so lange du mich nicht siehst. Da flöße ich dir ein den Trieb, Vernunft und Wissenschaft nur für irdische Dinge zu verwenden!

Da muß es dann schon etwas anderes geben, was dem Dienste, der dem Ahriman geleistet wird, das Gleichgewicht halten kann. Deshalb ist es nicht ohne Bedeutung, daß einmal zusammengenommen wird dasjenige, was durch moderne Technik und so weiter geleistet werden kann und daß etwas gebaut wird, was nicht dem äußeren Leben dient, was rein dem geistigen Leben dienen soll.

In alten Zeiten brachte man den Göttern Opfer dar, die Erstlingsfrüchte der Herde und des Feldes. Man brachte sie den Göttern zum Opfer. Ich will heute nicht über den Sinn des Opfers sprechen. Aber fühlen werden Sie den Sinn dieses Opfers, wie es in neuer Zeit vorhanden sein soll. Als die Menschen hingegangen sind mit den Früchten und sie den Göttern geopfert haben, da haben sie, trotzdem sie die Früchte des Feldes geopfert haben, die anderen genossen, nachdem sie die Erstlingsfrüchte den Göttern zum Opfer hingetragen haben. Wahrhaftig, nicht von falscher Askese geht Geisteswissenschaft aus. Nicht wird sie sich der Unmöglichkeit schuldig machen, zu donnern gegen die moderne Kultur mit allen ihren materiellen Segnungen. Die erkennt sie an. Aber sie muß, wenn sie nicht bloß dem Ahriman dienen will, etwas von den Erstlingen dieser äußeren materiellen Kultur den Göttern zum Opfer bringen.

Sie sehen, es ist ein tiefer Gedanke, der dem Bau zugrunde liegt, der sich draußen auf dem Hügel in Dornach erhebt, der Gedanke, daß wir darbringen wollen die Erstlinge der modernen materiellen Kultur den Göttern zum Opfer. Alles ist anders geworden in der Zeit, in der wir leben, gegenüber der Zeit, durch die in vorhergehenden Inkarnationen unsere Seelen durchgegangen sind. Aber verstehen müssen wir, was wir zu tun haben, so wie wir verstanden haben, was zu tun war, indem wir in den früheren Inkarnationen unter den Leitungen der geistigen Leuchten wirkten. Wahrhaftig, schwierig ist es in unserer Zeit, weil wir auf das Wesen unserer Zeit, auf die Eigenschaften unserer Seelen Rücksicht nehmen müssen und weil uns nicht mehr jene äußere Autorität zu Hilfe kommen kann, die den Religionsstiftern zu Hilfe kam, und weil wir durch ganz andere Kräfte wirken müssen. Und so wie Christus das «Wort» war, so wird wahre Geisteswissenschaft nur durch das Wort wirken wollen und darf durch nichts anderes wirken.

Wir sehen durch solche Betrachtungen den Zusammenhang der Welt, in der wir auf Erden leben im physischen Leib, und der geistigen Welt. Und wir sehen, wie uns, wo wir auch die Betrachtungen einsetzen, überall das Mysterium von Golgatha wie die Seele dieser Betrachtungen entgegenleuchtet. Aber wir müssen uns auch wirklich – auch das sei hier gesagt – reif machen, richtig reif machen, um dasjenige, was die neuere Geisteswissenschaft sein soll, wirklich zu verstehen, wirklich in diese Geisteswissenschaft so einzudringen suchen, daß wir niemals außer acht lassen: diese Geisteswissenschaft muß da sein, weil die Menschheit mündig werden muß.

Wahr ist es, ganz wahr, daß in einer gewissen Weise die Menschheit heruntergestiegen ist aus höheren geistigen Regionen, daß sie von dem alten atavistisch gewordenen Hellsehen abgekommen ist, indem sie durch ihren Verstand und die übrige Wissenschaftlichkeit eine Weltanschauung begründete. Und wahr ist es auch, daß wir den Fortschritt der Entwickelung ernst nehmen müssen, daß wir uns klarwerden müssen, wie wir jetzt in dem Zeitpunkt leben, in dem der Mensch die Mission hat, sein Denken zu entwickeln, wirklich durch sein Denken vorwärtszukommen, durch das Studium zu lernen. Die Geisteswissenschaft ist dasjenige, wovon wir ausgehen müssen. Wir müssen suchen, uns hinein zu vertiefen in diese Vorstellungen, damit diese Vorstellungen in uns anregen das, was unsere Seelen in Zukunft brauchen. Jeder kann das, was Geisteswissenschaft gibt, wirklich verstehen und begreifen. Diejenigen, die sagen, man müsse glauben, man könne nicht begreifen, was in der Geisteswissenschaft gegeben wird, die reden, ohne zu wissen, wie die Dinge wirklich sind.

Wenn uns in unserer Zeit Menschen entgegentreten, die nicht durchgehen durch das geistige denkerische Verständnis, sondern die wie von selbst heraufkommend gewisse psychische, seelische Fähigkeiten zeigen, so sollen wir uns auch nicht beirren lassen durch solche Tatsachen. Verstehen wir die ganze Mission der Geisteswissenschaft, so wissen wir, daß die Seelen, die heute denken, deshalb denken können, weil das Hellsehen der früheren Zeiten zurückgedrängt worden ist. Wenn solche Menschen auftreten, die von selber das Hellsehen haben, die es nicht erworben haben, so sollen wir in ihnen Menschen sehen, die auf einer früheren Stufe zurückgeblieben sind, und die heute in einer solchen Gesellschaft eher gehegt und gepflegt werden müssen, als daß man sie als besonders vollkommen ansehen dürfte. Falsch ist das Urteil, das jemand haben würde, der so sagen würde: Da ist jemand, bei dem dämmern die Hellseherkräfte auf, der ist eine besonders reife Seele, der hat besonders hohe Inkarnationen durchgemacht. – Ein solcher Mensch, der wie durch Naturgabe hellsichtige Kräfte hat, der hat viel weniger durchgemacht als derjenige, der ein Denker ist, heute. Das soll schon verstanden werden innerhalb unserer Gesellschaft. Dann könnte unsere Gesellschaft – ich muß das sagen, es ist mir auferlegt – eine Pflegestätte sein auch für solche Seelen, welche psychische Kräfte entwickeln. Sie würden gerade in unserer Gesellschaft diese psychischen Kräfte auf einen rechten Weg bringen können. Und die Gesellschaft gerade könnte das geben, was ihnen sonst nirgends gegeben werden kann: Ordnung für ihre psychischen Kräfte. Dann muß aber unsere Gesellschaft in ihrer Mehrzahl Mitglieder haben, welche, wie es gesagt worden ist, tief, tief innerlich wissen, welches die Mission wahrer Geisteswissenschaft in der Gegenwart ist. Dann würde sich nicht wiederholen der Fall, der uns in den letzten Tagen so betrübt hat: daß ein Mitglied, welches aufgenommen worden ist in der Meinung, daß unsere Gesellschaft die Pflegestätte sein könnte auch für noch hellseherisch wirkende psychische Kräfte, daß dieses Mitglied gerade da das Wirkungsfeld finden konnte, wo es gleich wirken konnte wie ein Prophet. Dadurch kommt natürlich alles das, was, wenn es durchdringen würde, unsere Gesellschaft zu dem genauen Gegenteil von dem machen würde, was sie sein soll nach den Intentionen der geistigen Mächte, von denen sie sich getragen fühlt. Wir haben leider erfahren müssen den Fall . . ., der aus nordischen Landen gekommen ist, der vielleicht ein gutes Mitglied hätte werden können, wenn er in Bescheidenheit seine psychischen Kräfte weitergebildet hätte. So aber verbreitete sich sogleich eine Art Nimbus um ihn. Überall trat er heilend auf in einer Weise, die nur bedauerlich gefunden werden muß. Das muß schon gesagt werden. Die Notwendigkeit war gegeben, zu erklären, daß er nicht mehr weiter als Mitglied unserer Gesellschaft angesehen werden kann, weil unsere Gesellschaft gerade in das Gegenteil von dem verwandelt würde, was sie sein soll, wenn wir nicht mit aller Sorgfalt immer hinweisen würden auf diesen Psychismus, der sich nicht durchdringen will mit wahrer Geisteskraft, die doch die wahre Kraft des Christus ist. Nicht das Psychische, sondern der Christus in mir muß wirken. Alles das muß so behandelt werden, daß wir sagen: Unsere Gesellschaft hat damit nichts zu tun. Sie weiß kein anderes Mittel als das, was in den letzten Tagen gewählt wurde. Es mußte leider dasjenige, wofür man sonst prinzipiell gar nicht ist, geschehen: es mußte der Ausschluß vollzogen werden.

So hängt allerdings dieses zusammen mit der ganzen ernsten und würdigen Auffassung der Mission der Anthroposophischen Gesellschaft. Und wahrhaftig, wenn man prinzipiell Gegner jedes Ausschließens ist und dennoch in solchem Fall sich nicht widersetzen kann dem Ausschluß, werden Sie verstehen, daß man nur mit dem tiefsten Leidwesen so etwas durchleben kann, was in den letzten Tagen durchlebt werden mußte. Es wird immer weniger durchlebt werden, wenn sich unsere lieben Freunde immer mehr durchdringen werden mit dem, was so oftmals gesagt wird und was auch wiederum mit den Ausführungen dieses Abends gemeint war.

Damit will ich diese Ausführungen abschließen und sie Ihnen, meine lieben Freunde, in die Seele legen.

WIE ERWIRBT MAN SICH VERSTÄNDNIS FÜR DIE GEISTIGE WELT? (II)

Berlin, 12. Mai 1914

Es war, als der deutsche Philosoph *Johann Gottlieb Fichte* aufmerksam machen wollte auf sein Bewußtsein vom Drinnenleben in der geistigen Welt, auf seine Überzeugung, daß die geistige Welt überall um uns herum ist, daß er aus dieser Überzeugung heraus sagte: «Nicht erst, nachdem ich aus dem Zusammenhange der irdischen Welt gerissen sein werde, werde ich den Eintritt in die überirdische erhalten; ich bin und lebe schon jetzt in ihr, weit wahrer, als in der irdischen; schon jetzt ist sie mein einziger fester Standpunkt, und das ewige Leben, das ich schon längst in Besitz genommen, ist der einige Grund, warum ich das irdische noch fortführen mag. Das, was sie Himmel nennen, liegt nicht jenseits des Grabes; es ist schon hier um unsere Natur verbreitet, und sein Licht geht in jedem reinen Herzen auf.»

Es ist gut, manchmal auf einen solchen Ausspruch aufmerksam zu machen. Denn in der Gegenwart gibt es viele Stimmen, welche den Menschen den Glauben beibringen möchten, daß von der geistigen Welt zu sprechen und der geistigen Welt gegenüber Ansichten zu haben, eigentlich doch ein Charakteristikon der törichten und abergläubischen, höchstens vielleicht der phantastischen Leute sei. Wir erleben es ja immer wieder und wieder, daß die Menschen, auch diejenigen, die eben den Glauben erheben wollen, als ob es sozusagen eine Torheit wäre, von der geistigen Welt zu sprechen, Fichte und ähnliche Geister immer im Munde führen. Da ist es denn gut, wenn wenigstens einige Menschen wissen, wie sich der anthroposophisch Gestimmte im Einklang fühlen darf mit allen denjenigen Menschen der Menschheitsentwickelung, die in ihren Herzen wirklich Wissen und Erkenntnis von einer geistigen Welt trugen, wenigstens Wissens- und Erkenntnisstreben im höchsten und edelsten Sinne des Wortes. Und wenn dann materialistisch gestimmte Gemüter von Fichte sprechen und das oder jenes aus seinen Schriften herausreißen, was gerade ihnen paßt, so ist es gut, wenn die anthroposophisch gestimmte Seele immer weiß, woher bei solchen Menschen die Sicherheit des Lebens, der Mut zum Leben und der Glaube an das Leben kommt, nämlich daß diese kommen aus dem treuen Festhalten an der Überzeugung, drinnenzustehen mit der Menschenseele in der geistigen Welt, im geistigen Leben. Mögen Sie da oder dort Aussprüche eines solchen Mannes hören, wie die von Johann Gottlieb Fichte, der bekanntlich die «Reden an die deutsche Nation» in schwierigen Zeiten gehalten hat, dann mögen Sie immer das Bewußtsein im Herzen tragen: Die Kraft, das zu sagen, was zum Beispiel Fichte gesagt hat – oder viele andere, Fichte ist nur ein Beispiel dafür –, diese Kraft kam ihm daher, daß er wußte: Mit dem besten Teile meines Selbst lebe ich immer, auch wenn ich im physischen Leibe noch lebe, in der geistigen Welt darinnen. Sie ist überall um meine Natur herum. – Solche Menschen waren sich bewußt, daß in ihren Worten die Kraft lebte, die ihnen dadurch kam, daß sie gleichsam hinter ihrer Seele und einwirkend auf diese die geistige Welt wußten.

Und auch noch aus einem anderen Grunde ist es gut, sich an eine solche Tatsache, wie die eben erwähnte, manchmal zu erinnern. Als Johann Gottlieb Fichte vor einem engeren Kreise von Zuhörern jene Vorlesungen unter dem Titel «Die Anweisungen zum seligen Leben» gehalten hat, die, man möchte sagen, seine geistige Lebenslehre enthalten, da bat ihn dieser engere Kreis von Zuhörern, diese Vorträge auch im Druck erscheinen zu lassen. Die Vorträge hatten auf diesen engeren Kreis, vor dem er sie gehalten hatte, einen großen Eindruck gemacht. Und da hat ihn denn dieser engere Kreis ersucht, sie drucken zu lassen, weil er glaubte, daß auch weitere Kreise teilnehmen sollten an der Lebensaufmunterung, an dem schönen, edlen Erkenntnisstreben zum wahren Leben hin, die aus diesen Vorlesungen sprachen. Und eine merkwürdige Bemerkung macht der kraftvolle, energische, für seine Sache im allerhöchsten Maße enthusiasmierte Fichte in der Vorrede zum Druck dieser seiner Vorlesungen, die da heißen «Anweisungen zum seligen Leben». Er sagt: «Zu dem Abdruck derselben haben Freunde unter meinen Zuhörern, die nicht ungünstig von ihnen dachten, mich, ich dürfte fast sagen, überredet; und für diesen Abdruck sie nochmals umzuarbeiten, wäre, nach meiner Weise zu arbeiten, das sichere Mittel gewesen, sie niemals zu vollenden. Diese mögen es nur verantworten, wenn der Erfolg gegen ihre Erwartung ausfällt. Denn ich für meine Person bin durch den Anblick der unendlichen Verwirrungen, welche jede kräftigere Anregung nach sich zieht, auch des Dankes, der jedem, der das Rechte will, unausbleiblich zu Teil wird, an dem größern Publikum also irre geworden, daß ich mir in Dingen dieser Art nicht selber zu raten vermag, und nicht mehr weiß, wie man mit diesem Publikum reden solle, noch, ob es überhaupt der Mühe wert sei, daß man durch die Druckerpresse mit ihm rede.»

Ich möchte gerade diese Bemerkung Fichtes anführen aus dem Grunde, weil man daraus sieht, wie unendlich einsam sich Fichte damals – es ist jetzt hundertacht Jahre her – mit seiner Kunde von der geistigen Welt gegenüber dem allgemeinen Zeitgeschmack, dem allgemeinen Zeitbewußtsein fühlte. Es ist, wenn man gerade die größten Geister der Menschheitsentwickelung in ihrem Sehnen und Trachten beobachtet, für die heutige Geisteswissenschaft die Empfindung allerdings erblühend, daß diese Geisteswissenschaft die Erfüllung desjenigen ist, was diese besten Geister der Menschheitsentwickelung ersehnt und ertrachtet haben. Und es muß gegenüber der Stumpfheit und dem Unverstande, die man der Geisteswissenschaft heute entgegenbringt, wirklich in der Menschenseele, um diese Menschenseele zu bemutigen und zu erkraften, der Einklang wachgerufen werden, in dem man stehen kann mit diesen größten Geistern, wenn man auf dem Boden der Geisteswissenschaft steht. Aber es wird manches lange dauern, bis selbst die, welche ein Herz haben für diese Geisteswissenschaft, gewissermaßen die rechte innere Spannkraft finden, um die Art des Impulses wirklich zu empfinden, der durch die Geisteswissenschaft der menschlichen Kultur mitgeteilt werden soll. Ich möchte nur deshalb an solche Dinge immer wieder und wieder erinnern, weil ich gern in Ihren Herzen nicht nur die rechten Anschauungen erblicken möchte von der geistigen Welt, sondern auch die rechten Gesinnungen und Empfindungen gegenüber dem Verhältnis des Menschen zur geistigen Welt und zu dem, was daraus notwendig hervorgehen muß in bezug auf die Gesinnung, die wir zu unserer ganzen Umwelt haben müssen, wenn wir uns mit den Anschauungen und Vorstellungen über die geistige Welt erfüllen.

Nun ist es wahrhaftig durchaus zu begreifen, daß man überall, wo zunächst diese Geisteswissenschaft in die äußere Welt hinausdringt, Unverstand und Mißverständnis ihr gegenüber erblicken muß. Denn versuchen wir uns einmal zum Verständnis zu bringen, wie das Verhältnis eines heutigen, von der Geisteswissenschaft nicht weiter berührten Weltbürgers, wie er eben aus den Anschauungen der Gegenwart herausgeboren wird, zur Geisteswissenschaft ist. Er hört dieses oder jenes, er hört, daß da über die geistigen Welten dieses oder jenes behauptet wird. Was muß er notwendigerweise tun? Nun, der Mensch kann ja nicht anders, als daß er das, was ihm gegenüber gesagt wird, mit seinen Vorstellungen zu begreifen sucht, daß er es selbst mit den Vorstellungen, die er hat, zu begreifen sucht. Nun hat aber der heutige gewöhnliche Weltbürger keine Vorstellungen, die ihm begreiflich machen können, was über die geistige Welt in der wirklichen Geisteswissenschaft gesprochen wird. Ihm fehlen zunächst die Vorstellungen, Begriffe und Ideen dazu. Er sucht das, was ihm gesagt wird, mit Ideen zu durchdringen, die er hat, die aber von ganz anderen Seiten hergenommen sind. Wie soll er also die Sachen nicht mißverstehen? Wie soll man überhaupt voraussetzen, daß er irgendwelches Verständnis der Sache entgegenbringen wird?

Wir aber müssen uns darüber klar sein, daß eines in unserem Verhältnis zur Geisteswissenschaft die Hauptsache ist: das Aneignen gerade von neueren Begriffen, neueren Vorstellungen, die man vorher, bevor man an die Geisteswissenschaft wirklich herankommt, im Grunde genommen nicht hat, die man nicht von außen mitbringen kann, sondern die man sich erst erwerben muß. Man sollte dieses wirklich ganz grundsätzlich einsehen, um dadurch allmählich das rechte innere Gemütsverhältnis zu der geistigen Strömung, die man eben als die geisteswissenschaftliche bezeichnen kann, zu gewinnen. Man nehme einmal nur die eine, ich möchte sagen fundamentale Tatsache, daß uns ja die Geisteswissenschaft die Möglichkeit geben soll, zunächst die außer uns befindliche geistige Welt aufzufassen, zu begreifen. Wir haben im Laufe des Jahres vieles an uns herankommen lassen, was man nennen könnte: Beschreibungen der geistigen Welt, Mitteilungen über die geistige Welt. – Und wir haben andererseits immer wieder versucht, unsere Begriffe zu bereichern, um wirklich Vorstellungen und Begriffe zu haben, mit denen man das, was in der geistigen Welt vorgeht, richtig begreifen kann. Wir reden zum Beispiel von Wesenheiten der höheren Hierarchien. Wie wir darüber reden, ist Ihnen bekannt. Wir reden von den Seelen der Verstorbenen, die in dem Dasein zwischen Tod und neuer Geburt sind. Wie wir davon reden, ist Ihnen bekannt. Aber wir müssen uns gleichsam auf Schritt und Tritt klarmachen, daß man mit den Begriffen, die sozusagen heute in der Welt aufgelesen sind, nicht von diesen Dingen sprechen kann, oder wenigstens dann nur zu Mißverständnissen kommen kann. Da sei zunächst heute auf einen Begriff aufmerksam gemacht, den wir uns schon im Laufe unserer Betrachtungen aneignen konnten, den wir uns aber doch, indem ich ihn heraushebe, wie er so den einzelnen Betrachtungen zugrunde lag, in seiner Einzelheit zu Gemüt bringen wollen.

Wenn wir die Außenwelt betrachten, wie sie um uns herum liegt, wie sie ihre Eindrücke auf unsere Sinne macht, wie wir sie zu begreifen suchen mit den Vorstellungen, die an unser Nervensystem, an unser Gehirn gebunden sind, so müssen wir sagen: Die Hauptsache besteht darin, daß wir die Dinge anschauen. Indem wir die Dinge anschauen, nehmen wir wahr das Menschenreich, die Menschen als physische Wesen, das Reich der tierischen Wesenheiten, das Pflanzenreich, das mineralische Reich, Wolken, Berge, Flüsse, Meere, Sterne, Sonne und Mond. Wir nehmen sie wahr, diese Reiche, insofern sie physische Wesen sind. Wir schauen sie an, nehmen ihre Farben wahr, hören ihre Klänge, nehmen ihren Wärmezustand wahr, kurz, wir nehmen sie wahr. Und der Ausdruck: Wir nehmen sie wahr –, die Vorstellung: Wir nehmen sie wahr –, ist durchaus berechtigt für unser Verhältnis zur physischen Welt. In dem Augenblick, wo der Geistesforscher sich in die geistige Welt hinauferhebt, muß in ihm sogleich das Bedürfnis erwachen, für den Ausdruck: Ich nehme wahr – eigentlich einen anderen zu gebrauchen, denn es ist durchaus nicht völlig richtig, zu sagen: Ich nehme wahr die Wesen der geistigen Welt. – Da kann man den Ausdruck: Ich nehme wahr – eben gar nicht so anwenden, wie man ihn für die physische Welt gebraucht. Es ist gut, sich einmal klarzumachen, daß alles sogenannte Wahrnehmen in der geistigen Welt doch einen ganz anderen Charakter hat. In der geistigen Welt hat man, indem man in sie

68

hineinwächst, indem man sich immer mehr und mehr zu ihr erhoben fühlt, vielmehr den Eindruck: Man wird wahrgenommen –, nicht: Man nimmt wahr. – Hier in der physischen Welt sind wir gewissermaßen als Menschen auf dem physischen Plan die höchsten physischen Wesen. Ein Stein könnte sagen, er wäre von den Menschen wahrgenommen. Eine Pflanze könnte sagen, sie wäre von den Menschen wahrgenommen, ebenso ein Tier. Ebenso könnte es der physische Mensch sagen, er wäre von Wesen seinesgleichen wahrgenommen. In dem Augenblick, wo wir in die geistige Welt hinaufwachsen, werden wir auch wahrgenommen. Da schauen die Wesen der geistigen Welt auf uns herunter. Da sind wir für sie gewissermaßen Objekt. Und es ist sogar das erste Zeichen, daß man in der geistigen Welt drinnen ist, wenn man als wahrnehmendes Wesen auf dem physischen Plan ein wahrgenommenes Wesen wird. – Erinnern Sie sich auch an das, was im letzten Vortrage gesagt worden ist. – Man wächst dadurch zu den Wesenheiten der höheren Hierarchien hinauf, daß man zu ihren Fähigkeiten hinaufwächst, daß das, was man ist, von ihnen wahrgenommen wird. So ist es gegenüber den Wesenheiten der höheren Hierarchien. Man lernt sich hineinwachsen sehen in einen Gemütszustand, bei dem man sich sagt: Ich fühle mich wahrgenommen von den höheren Wesen der Hierarchie der Angeloi, ich fühle mich wahrgenommen, wenn ich mich weiter entwickele, von den höheren Wesen der Hierarchie der Archangeloi – und so weiter. Dieses Verspüren, dieses Empfinden: Da schauen uns Wesen an, da wirken geistige Wesen mit ihrem Willen auf uns –, das ist es, was ich in den Ausdruck: Ich werde wahrgenommen – kleiden möchte. Und es ist gut, sich so etwas ganz klar zu machen, damit man nicht meint, das Hineinwachsen in die geistige Welt sei bloß gleichsam eine Fortsetzung jenes Tableaus, das um uns in der physischen Welt herum ist. Es ändert sich wirklich die ganze Seelenstimmung, insofern man dieses Bewußtsein in sich aufnehmen muß: Da lebst du in der geistigen Welt drinnen, und das, was man innerlich erlebt, ist das Bewußtsein: Es schauen dich an die Wesen der höheren Hierarchien. Und wenn du etwas tust, wenn du handelst, so sind es die Kräfte der Wesen der höheren Hierarchien, die dir zufließen, die in dir wirken.

Man kann sich ja am besten solche Dinge durch Schilderung konkreter Verhältnisse klarmachen. So sei, ohne alle Anmaßung – ich bitte, das wirklich zu berücksichtigen, daß ich dieses mit dem Ausdruck einleite: «ohne alle Anmaßung» – und bescheiden auf folgendes aufmerksam gemacht, aus dem wir wie an einem Beispiele ersehen sollen, wie dieses Verhältnis des Menschen zur geistigen Welt eigentlich ist. Wenn wir hier in der physischen Welt etwas arbeiten sollen, so brauchen wir zunächst für dieses Arbeiten in der physischen Welt – das kann durchaus auch etwas sein, wozu man geistig inspiriert ist – die Kräfte, die uns durch die physische Welt zuwachsen. Und diese Kräfte, die uns durch die physische Welt zuwachsen, liegen für das gewöhnliche Bewußtsein natürlich außerhalb dieses Bewußtseins. Aber wir fühlen, daß wir sie uns auf dem physischen Plan, insofern sie physische Kräfte sind, zunächst nicht selber geben können. Wenn das zum Beispiel nicht geglaubt werden sollte, so braucht man jetzt nur nach Dornach zu gehen zu unserem Bau und ein wenig zuschauen, wie unsere Freunde dort die großen Holzblöcke umwandeln zu Kapitälen für unsere Säulen, und wie sie da ihre physischen Kräfte anwenden müssen. Und dann wird man sich schon gestehen müssen: Solche Kräfte sind uns eben rein aus der physischen Welt zukommend. – Ich für meine Person gestehe ganz offen, daß ich manchmal solche rein physischen Kräfte mehr haben möchte, als ich sie habe, um die Arbeit noch mehr fördern zu können, die dort jetzt gemacht wird. Diese Dinge sollen uns nur zum Vergleich dessen dienen, was jetzt gesagt werden soll. – Wie uns so in unsere Sache herein mitwirken die Kräfte der Handmuskeln und andere physische Kräfte, so können für unsere Leistungen mitwirken geistige Kräfte, Kräfte, die uns von der geistigen Welt aus in die Seele hereinfließen, und die sich, man möchte sagen, von oben herunter so verhalten, wie die physischen Kräfte, wenn wir es mit Leistungen auf dem physischen Plan zu tun haben.

Es war nun in den aufeinanderfolgenden Jahren unter mancherlei anderen Aufgaben diese uns zugeteilt; in unseren Mysterienspielen in dramatische Kunst dasjenige umzusetzen, was durch unsere geistige Weltanschauung fließt. Das heißt, man mußte geistig erschaute Tatsachen wirklich auf die äußere Bühne bringen. Wenn man den trivialen Ausdruck gebrauchen darf, man mußte die Dinge «inszenieren». Und es waren bei diesem Inszenieren mancherlei Dinge notwendig, die eben gegenüber der gewöhnlichen Inszenierungskunst doch etwas wesentlich Neues bedeuten. Wir haben ja im Laufe der Jahre, man möchte sagen, mit immer sich steigernder Kraft solche Inszenierungen zu bewirken gehabt. Mit dem, was ich aber jetzt meine, will ich nicht so sehr auf das hinweisen, was Äußerlichkeiten sind, was geschieht, wenn sozusagen schon alles beisammen ist, sondern auf das möchte ich hinweisen, was mehr das Geistige, das Spirituelle der Sache war. Diese Tatsache sei als die eine Seite der Tatsachen, die ich erzählen will, hingestellt. Die andere Seite ist die folgende.

Im Beginne unseres geisteswissenschaftlichen Wirkens, ziemlich im Anfange, waren wir besucht von einer Persönlichkeit, welche nicht nur einen großen, tief innerlichen gemütreichen Anteil an unserer geisteswissenschaftlichen Lehre entwickelte, wie wir sie damals im Anfange unserer geisteswissenschaftlichen Arbeit geben konnten und geben mußten, sondern die auch durchseelt war von einem wunderbar edlen Kunstsinn, von einer wunderbar edlen Kunstgesinnung, von einer Kunstgesinnung, die nun eigentlich ganz verschmolzen war auch mit dem Persönlichen dieser Persönlichkeit, so daß man im wahren Sinne des Wortes sagen konnte, man hatte mit dieser Persönlichkeit eine objektiv liebenswürdige Persönlichkeit vor sich. In rascher, schneller Weise nahm diese Persönlichkeit an, was damals über die geisteswissenschaftliche Lehre gesagt werden konnte. Dann, es war ja das schon in den ersten Jahren unseres Wirkens hier, verließ sie den physischen Plan, und es vergingen dann Jahre, in denen die Individualität dieser Persönlichkeit daran arbeitete, aus jenen unterbewußten Untergründen, die ja vorhanden sind, wenn die Menschenseelen durch die Pforte des Todes gegangen sind, heraufzuarbeiten den Zusammenschluß desjenigen, was sie aus unserer geisteswissenschaftlichen Lehre aufgenommen hatte, mit dem, was ihr künstlerischer Sinn war. Man möchte sagen: Man konnte verfolgen den Aufbau eines Geistleibes, in welchem zusammenwirkten diese zwei eben geschilderten Kräfte, auf der einen Seite die fruchtbaren geisteswissenschaftlichen Anschauungen, auf der anderen Seite der liebenswürdige und energische und einsichtige künstlerische Sinn. Dann vergingen so die Jahre. Und im Laufe der letzten Jahre, als die Aufgaben in München dann an uns herantraten, da war es immer wieder und wieder, oft und oft, bevor ich über das und jenes zu entscheiden hatte, was mehr auf das Innere unserer Münchner Vorstellungen bezüglich war, daß ich wußte: diese Individualität schaut herunter auf alles, was da geschieht. Und wie einem in der physischen Welt die Kräfte zuwachsen, eben aus dieser physischen Welt heraus, so ist es natürlich eben nicht so, daß einem eine solche Wesenheit eingeben würde, wie man die Dinge zu machen hat. Dazu muß man schon selber die Fähigkeiten haben. Aber indem ihre warme, innige Anteilnahme an unserer Sache, indem ihr geistiges Auge mit seinen Ausstrahlungen schützend einfließt in das, was man zu tun hat, fühlt man sich durchkraftet für das, was man zu tun hat, durch die segnenden Gewalten, die von einer solchen Individualität ausgehen.

Das ist es, was uns zeigen kann, wie die Seele, wenn sie durch die Pforte des Todes gegangen ist, sich allmählich verwandelt in ein Wesen, das mittätig ist, das mitwirkt hier auf dem physischen Plan. Und wenn man anfängt dieses Mitwirken bewußt zu empfinden und zu fühlen, dann empfindet man solche Wesen wie den Schutzgeist, wie den stärkenden Geist für das, was man hier zu tun hat und was mit der geistigen Welt zusammenhängt. Dann geht man an die Arbeit, indem man die Voraussetzung hat: Da schwebt in den geistigen Welten jenes Wesen, das dieser Arbeit Schutzgeist ist.

Wenn so etwas erwähnt wird, dann können wir uns, ich möchte sagen, eine konkrete Vorstellung von dem machen, was einfließen soll und kann in unser ganzes Leben als das, was uns beseelt gegenüber der geistigen Welt. Denn wir lernen allmählich wissen: Die Toten sind nicht gestorben, sie sind nur auf einen anderen Schauplatz übergegangen. Sie wirken mit bei dem, was wir tun. Und für uns bleibt es nicht ein unbestimmter Gedanke: Sie wirken mit –, sondern wir lernen allmählich die Gebiete aufzuzeigen, auf denen sie mitwirken. Wir lernen allmählich uns mit ihnen zusammenzufühlen, wenn wir Kräfte brauchen, die wir nicht aus dem physischen Plan entnehmen können, sondern bei denen wir uns unterstützt fühlen müssen von dem, was aus höheren Planen herunterfließen kann zu uns, weil die Seelen, die durch die Pforte des Todes geschritten sind, dadurch, daß sie das Material für das, was sie nun werden, aus einer anderen Welt entnehmen, auch andere Kräfte haben, als die Kräfte des physischen Planes sind. Versuchen wir für einen Moment die wirkliche innere Vertiefung vorzustellen, die das Leben dadurch gewinnen kann, daß die Geisteswissenschaft nicht nur in Form von abstrakten Theorien, sondern im lebendigen Leben, im lebendigen Erfassen des einzelnen Konkreten zu uns kommt, dann werden wir erst den Segen des Einfließens nicht nur der geisteswissenschaftlichen Theorien erblicken, sondern der ganzen spirituellen Strömung, die mit der Geisteswissenschaft in uns einfließt für das ganze menschliche Leben.

Oder ein anderes Beispiel. Ich setze wirklich voraus, daß die Auseinandersetzungen solcher Dinge innerhalb eines solchen Zweiges mit der notwendigen Pietät genommen werden, denn nur dadurch können wir fortschreiten vom Abstrakten ins Konkrete.

Vor kurzer Zeit verließ uns für den physischen Plan eine Persönlichkeit, die sich durch fünf Jahre hindurch mit uns verbunden hatte, die ihr bestes Wesen allmählich ganz geeint hatte mit demjenigen, was aus den Erkenntnissen unserer Geisteswissenschaft kommt. Durch viele Jahre hindurch lebte diese Persönlichkeit in einem siechen Körper und hatte gewissermaßen zu kämpfen gegen die Attacken dieses siechen Körpers. Aber sagen darf man, namentlich wenn man die Kraft ins Auge faßt, die notwendig war, um die letzten Dichtungen dieser Persönlichkeit zu schaffen, daß sich in dieser Persönlichkeit wirklich das gezeigt hat, was man nennen kann den Sieg des Geistes über den Leib. Zu welchen wunderbar intimen Charakteristiken, dichterisch intimen Charakteristiken der geistigen Welt diese Persönlichkeit gekommen ist das kennen Sie schon aus Proben, die Ihnen vorgetragen sind. Die Welt wird, wenn sie will, manches verspüren können aus der Veröffentlichung des letzten Gedichtbandes, der in einigen Wochen erscheinen wird, und der zwar nicht mehr auf dem physischen Plan erlebt worden ist von der betreffenden Persönlichkeit, die ihn geschaffen hat, der aber in wunderbarer Weise das geistige Leben, das hier über den Leib gesiegt hatte, der Welt zeigen wird. Als ich Ende vorigen Jahres in Leipzig über diese Dichtungen sprach, da gebrauchte ich einen Ausdruck, den ich dazumal, ja, ich möchte sagen, so gebrauchte, wie eben ein

Mensch, auch wenn dieser Mensch nur ein Kind ist, sagt: Die Rose ist rot. – So etwas kann ganz richtig sein und man braucht doch nicht zu «wissen», daß die Rose rot ist. So wußte ich damals in Leipzig, daß ich den Ausdruck gebrauchen durfte, und daß er richtig ist. Ich sagte nämlich damals aus einer inneren Notwendigkeit heraus, um diese Dichtungen zu charakterisieren: In ihnen spreche sich nicht nur aus, was man nennen kann einen wunderbaren dichterischen Ausdruck unserer Weltanschauung, sondern ich könnte sagen: Diese Gedichte haben Aura! – Das heißt, es ist in die Seele dieser Wesenheit hereingegangen, was die Persönlichkeit ergreift, so daß aus ihr nicht nur die Worte fließen, sondern in den Worten etwas liegt, was wie eine Aura ist. Kurz, ich sagte dieses Wort damals und empfand es als durchaus richtig. Jetzt weiß ich, warum ich es sagte. Man kann selbstverständlich erst nach dem Tode wissen, wozu sich die Persönlichkeit dieser Dichtungen anschickt in der geistigen Welt, wozu sie sich vorbereitete. Aber es liegt hier ja der eigentümliche Fall vor, daß diese Persönlichkeit viel gelitten hat, daß der physische Organismus morsch geworden ist. Aber während der physische Organismus morsch geworden ist, bildete sich in der Seele etwas aus, was weit hinausging über diesen physischen Organismus, was etwas ganz anderes war, als was zunächst dieser Persönlichkeit selber zum Bewußtsein kam. In den Untergründen der Seele lebte dieses andere und lebte ein immer leuchtenderes Leben, je mehr der physische Organismus sozusagen seiner Zerstörung entgegenging. Und jetzt sieht man, ich möchte sagen, in der geistigen Welt dasjenige aufleuchten, was sich schon hier in der physischen Welt vorbereitet hat. Um das zu charakterisieren, was ich charakterisieren will, möchte ich ein Bild zum Vergleich gebrauchen.

Wir können ringsherum die weite Natur mit allen ihren Schönheiten und Erhabenheiten haben. Gewiß, für den, der die Schönheiten der Natur empfindet, ist das berechtigt, was ich von dieser Stelle aus vor längerer Zeit einmal aussprach. Damals sagte ich: Man kann durch alle Galerien Italiens gegangen sein, kann dann heraufkommen in die Schweizer Berge und dort einen Sonnenaufgang sehen, und hat dann das Gefühl: Die geistigen Wesenheiten, die den Sonnenaufgang malen, sind noch größere Maler als die, welche auf die Leinwand etwas malen. – Aber trotzdem dieses zugegeben werden muß, müssen wir sagen: Wir bewundern die äußere Schönheit der Natur, können uns ihr ganz hingeben. Aber ist es uns nicht ein unendlich Wertvolles, wenn wir neben dem, daß wir uns der äußeren Natur hingeben können, erblicken, daß ein Gemälde von *Raffael* oder *Leonardo da Vinci* oder einem anderen Künstler, außer der schönen Natur auch noch das vor uns auftreten läßt, was die andere Seele vor uns hinstellt? Wir sehen hineingestellt auf den physischen Plan, was Seelen uns geben, und wodurch sie das bereichern, was wir selber der Natur ablauschen können. – Diesen Vergleich möchte ich gebrauchen, um in Ihren Herzen ein Verständnis für das anzuschlagen, was ich Ihnen sagen möchte.

Die Individualität der Persönlichkeit, von der ich eben gesprochen habe, sie ist nun in der geistigen Welt. Und ledig des Leibes sind diejenigen Bildungen geistiger Art, die vorher im Leibe waren. Sie sind nun in der geistigen Welt. Hier auf der Erde werden wir die herrlichen Dichtungen haben, in der geistigen Welt ist aber noch etwas anderes. Da leuchtet auf, was sich wirklich der Individualität angliedert – und woraus diese Individualität ihren Geistleib nimmt – aus den Imaginationen, die sich hier vorbereitet haben während der langen Krankheit. Ein wunderbares kosmisches Bild! In diesen Imaginationen lebt eine wunderbare Ingredienz des Kosmos, die sich hinstellt neben das, was unmittelbar die Geistesforschung wahrnehmen kann, wie sich eben ein wunderbares Gemälde hinstellt neben das, was wir als die Schönheiten der Natur empfinden können. Unendliches wird einem offenbar, wenn neben dem, was sich einem in der geistigen Welt aufschließt, auch noch dasjenige anschaulich wird, wie diese geistige Welt in den Imaginationen einer Menschenseele sich vor dem geistigen Blick ausbreitet. Ich möchte sagen: Man sieht den geistigen Kosmos zweimal, erst wie er unmittelbar dem hellseherischen Blick erscheint, und dann, wie er sich vor dem hellseherischen Blick enthüllt durch das, was sich eine Menschenseele in harten Leiden auf Erden, aber in energischem Streben nach geistiger Erkenntnis anerworben hat. Ich brauche nicht zu sagen, daß alle diese Dinge karmisch genommen werden müssen, daß nie eine Seele durch ihre Willkür sich irgend etwas in der erwähnten Art erwerben könnte. Das alles müssen wir sozusagen der Gnade der weisheitsvollen Weltenlenkung überlassen, ob uns dergleichen zuteil werden kann. Solange der Mensch auf Erden weilt, muß er dafür sorgen und haben auch die anderen dafür zu sorgen, daß er solange als möglich auf der Erde bleibt, und daß er so gesund sein kann als irgend möglich. Man sollte das nicht zu erklären brauchen, aber es wird so viel mißverstanden in diesen Dingen. Nie sollte jemand versuchen, irgend etwas zu tun, um Leiden oder so etwas herbeizuführen. Das darf nicht sein. Dann würde er auch gar nichts dadurch erreichen. Wenn also jemand kommen würde und sagte: Also versuche ich, mich irgendwie in Leid zu stürzen, um irgend etwas zu erreichen –, so würde es das Falscheste sein, was als Konsequenz aus diesen Auseinandersetzungen gezogen werden könnte.

Ich wollte Ihnen heute an diesen besonderen Beispielen gewissermaßen zwei Vorstellungen zeigen; die eine Vorstellung, die ich so aussprechen möchte: Die geistigen Wesen senden uns ihre Kräfte zu durch den Blick ihres Geistesauges –, was ich durch die schützende Individualität für unsere künstlerischen Bestrebungen zu belegen versuchte. Die andere wollte ich anführen als ein Beispiel dafür, wie innerlich weisheitsvoll die Weltenlenkung ist, wie, ich möchte sagen, es uns möglich wird hinzublicken in der geistigen Welt auf das, was eine geistige Individualität aus dem Erdendasein herausgezogen hat und was nun selbst unsere Anschauung über die geistige Welt bereichern kann, wie die künstlerischen Anschauungen Bereicherungen unserer physischen Welt sind. Vieles hätte ich vielleicht heute schon zu sagen über manches andere noch der Individualität, die in solch begnadeter Weise in die geistigen Welten hinauftragen kann, was sie aus der anthroposophischen Weltanschauung gesogen hat. Allein dazu ist wohl noch nicht in Wirklichkeit die Zeit gekommen. Ich habe die beiden Dinge angeführt, weil ich wirklich glaube, daß man durch die Anschauung solcher konkreter Dinge, die uns ja naheliegen, sich besser einen Begriff machen kann über die Vorstellungen und Ideen, die wir brauchen, um in die geistige Welt wirklich einzudringen, und an die wir uns zunächst vorzugsweise halten müssen, wenn wir wirklich eben eindringen wollen. Dazu kommen wir ja auch in intimeren Versammlungen zusammen, damit wir gewissermaßen in diesen intimeren Versammlungen schon unsere Sprache sprechen können, die wir uns allmählich für die Darstellungen des geistigen Lebens angeeignet haben. Denn das ist der Fortschritt auf dem Boden der Geisteswissenschaft, daß wir nicht bloß lernen im allgemeinen von dem Geist zu sprechen, der um uns herum ist. Wie wir ja auch nicht bloß im allgemeinen von der Natur sprechen, die um uns herum ist. Wir sprechen wahrhaftig nicht allein von der Natur und immer von Natur und Natur, sondern wir sprechen von dem Gras der Wiesen, von den Ähren des Feldes, von den Bäumen am Bergabhang, von den Wolken und so weiter, und wir müssen uns nach und nach dazu aufschwingen, so konkret auch von der geistigen Welt zu sprechen. Deshalb möchte ich auch ab und zu so konkret von der geistigen Welt sprechen, indem ich hinweise auf eine so schützende Seele, wie ich sie heute im Verhältnis zu unserer künstlerischen Arbeit charakterisiert habe, oder auf eine Seele, die eine solche Gestalt annimmt, nachdem sie durch die Pforte des Todes gegangen ist, indem sie widerspiegelt die Kräfte, die aus dem geistigen Kosmos selbst kommen, die sie schon während des Siechwerdens des Körpers hier gesammelt hat, und die uns Dinge lehrt, die wir sonst nicht leicht gewinnen können.

Solch ein Freund und Mitglied wie der zuletzt Charakterisierte – der Ihnen ja bekannt ist –, werden zugleich die besten Mitarbeiter für das, was die Geisteswissenschaft in der Welt zu tun hat. Nach der Art, wie die Geisteswissenschaft von vielen Seiten aufgenommen, mißverstanden, mißachtet, feindlich behandelt wird, kann es ja wirklich manchmal scheinen, als ob es schwer würde, durchzukommen mit dem, was die Geisteswissenschaft wirklich soll. Da aber treten dann die ermutigenden Gedanken auf, die aus einer solchen Erkenntnis sprießen, wie der heute angeführten: daß die, welche schon durch die Pforte des Todes gegangen sind, die wahren Zeugen werden für das, was die Geisteswissenschaft sein soll. Das möchte ich, daß es ein wenig zu unseren Herzen und Seelen spricht. Denn dahinblickend, muß man sich doch immer wieder und wieder sagen: Diese Geisteswissenschaft, sie wird, und wenn es über uns und unser Leben hinweggehen müßte, sie wird sich einleben in den geistigen Fortschritt der Menschheit. Und das kann uns dann doch Mut geben gegenüber dem, was wir von dieser oder jener Seite her beobachten müssen, kann uns Mut geben für den Glauben und die Überzeugung, daß doch immer mehr und mehr Menschen kommen werden, welche verstehen werden: Die geistige Welt braucht neue Begriffe, neue Vorstellungen, Empfindungen und Gesinnungen, wenn man sie wirklich erfassen will.

Gewinnen wir durch solche Ausführungen ein rechtes Verhältnis zu dem, was wir selbst sein wollen in dieser unserer geistigen Bewegung drinnen. Nehmen wir in Pietät Beispiele hin, wie die heute angeführten, aber durchdringen wir uns mit dem, was daraus für unsere Gesinnung fließen kann, damit wir stark sind, manchem Anprall von außen standzuhalten. Draußen, sagte ich, können uns ja die Menschen nur mit denjenigen Begriffen entgegenkommen, die sie in der Welt aufgelesen haben, und wir brauchen uns nicht direkt zu verwundern, wenn die Menschen draußen das, was sie von uns erfahren, mit den Begriffen belegen, die sie eben draußen in der Welt aufgelesen haben. Da liegen ja große, große Schwierigkeiten vor in bezug auf das Verhältnis der Geisteswissenschaft zu dem, was äußerlich in der Welt über diese Geisteswissenschaft gesagt und geurteilt wird.

Wir wollen, wie Ihnen bekannt ist – wie Ihnen das letzte Mal hier aus begeistertem Herzen heraus von einem unserer lieben Mitglieder auch aus eigner Anschauung geschildert worden ist –, in Dornach, in der Nähe von Basel, den Anfang machen mit einem wirklichen, rechten Kunstwerk, das aber als Kunstwerk herausgeflossen ist aus unserer Weltanschauung. Alles hängt davon ab, daß einige Menschen in der Welt verstehen, was da eigentlich gemeint ist, und daß nicht nur diejenigen über die Sache urteilen, die mit den Begriffen, die draußen aufgelesen sind, so etwas charakterisieren wollen. Denn wenn man an so etwas mit den Begriffen herangeht, die draußen aufgelesen sind, so kommt man, wenn man es selber vielleicht sogar gut meint, doch nur dazu, mit den Begriffen, die draußen gebräuchlich sind, die Dinge zu charakterisieren. Und so können wir es jetzt erleben, daß durch Zeitungen aller Sprachen Dinge gesagt werden über den Dornacher Bau, die geeignet sind, dasjenige, was wir uns durch Jahre mühsam erworben haben – dadurch erworben haben, daß wir versucht haben, die Öffentlichkeit nicht zu behelligen da, wo sie ohnedies nichts davon versteht –, in kurzer Zeit hinwegzufegen; wenn durch die Zeitungen aller Sprachen

Mitteilungen gehen: In welcher Zeit leben wir? Ist das noch die Zeit des Materialismus? Ein kolossaler Tempel wird gebaut – und so weiter, und wenn dann geschildert wird, wie in diesem Tempel Säulen stehen, die miteinander verbunden sind durch Pentagramme, und was dergleichen mehr ist. – Wenn das geschieht, dann sagt man sich erst: Was wird daraus, wenn mit den aus der Welt draußen aufgelesenen Begriffen die Dinge charakterisiert werden, die aus unserer Geistesströmung heraus entspringen sollen? Schaudervoll gehen diese Schilderungen jetzt durch die Zeitungen! Es ist nicht notwendig, daß wir auf Einzelheiten solcher Schilderungen uns einlassen. Aber das gar so Schmerzliche dabei ist, daß da, wo zuerst diese Schilderung erschien, wovon das Weitere ausgegangen ist, die Ursache eine gutmütige Seele war, die verstehen wollte, die einen großen Dienst der Sache erweisen wollte durch diese Schilderung, eine Seele, der gegenüber man sich sogar bemühte, damit nicht Allzuschreckliches in die Welt gesetzt wird, die Dinge zu zeigen, zum Beispiel, wie wirklich kein Pentagramm zu sehen ist, sondern an einer einzelnen Stelle, dezent, das esoterische Gemüt erst fühlend das Pentagramm herausfühlen muß. Und bei einer solchen Seele, die gebeten worden ist, ja nichts, was irgendwie nach Journalismus klingt, zu schreiben, erlebt man es – als wenn eine solche überhaupt gar nichts anderes kann –, daß sie nur so schreiben kann, daß sie nicht die Begriffe und Ideen gebraucht, die man sich bei uns aneignet, sondern die Begriffe und Ideen, die heute auf der Straße des geistigen Lebens aufgelesen werden! Wie schneidet es uns in die Seele, wenn wir sehen, wie das, was wir eigentlich wollten, jetzt in dieser Weise durch die Zeitungen geht. Die Artikel und die Klischees werden ja dann von einer Zeitung zur anderen weiter übernommen, werden in alle Sprachen übersetzt, und in jeder Sprache wird noch ein spezieller Unsinn, eine spezielle Torheit hinzugefügt. Selbstverständlich nicht um unbegreiflich zu finden, was geschieht, ich möchte sagen, beim Zusammenstoße desjenigen, was unsere ernst und aufrichtig gemeinte Geisteswissenschaft zu tun hat, mit dem, was in der äußeren Welt verstanden werden kann, sind diese Worte gesagt, sondern wirklich um Ihnen zu zeigen, wie sehr ernst und würdig wir es mit unserer Sache nehmen müssen, wie sehr wir uns bewußt werden müssen, wie tiefgehend das Verständnis sein muß, das wir uns erwerben müssen für das, was die Geisteswissenschaft der Welt sein soll.

Man könnte vielleicht doch manchmal fragen: Warum durften wir nicht ebenso bescheiden, und ungenannt, durch Begriffe, bei denen, die uns nicht verstehen können, weiterwirken, wie wir für unsere Sache *vor* dem Dornacher Bau gewirkt haben? – Nun ja, das Auge der Gegenwart ist auf den physischen Plan eben eingestellt. Geistiges merkt man nicht. Aber daß dort in Dornach ein Gebäude aufgeführt wird, das sieht man. Aber solche Fragen sind natürlich vollständig unfruchtbar, und darauf kommt es auch gar nicht an. Sondern das, worauf es ankommt, ist, daß wir für unsere Sache in unseren Herzen den rechten Sinn und das rechte Verständnis gewinnen. Nicht um irgend jemanden anzuklagen, oder um zu kritisieren, sind diese Worte gesagt, sondern um Sie wieder und wieder darauf aufmerksam zu machen, wie tief ernst wir selber versuchen sollten, ein Verständnis zu gewinnen für das völlig Andere, das in uns erßprießen soll demgegenüber, was draußen so vielfach von der Welt hereinschlägt, hereinschlägt allerdings in den Meinungen der Leute. In dem, was die Seelen wirklich brauchen, wonach sie wirklich lechzen, ist solches nicht darinnen. Die Seelen wollen schon die Geisteswissenschaft, lechzen darnach, sie zu bekommen. Deshalb wird es sich darum handeln, daß Verführungen und Versuchungen, die von den materialistischen Meinungen und namentlich von dem geistigen Hochmut ausgehen, von uns in der richtigen Weise eingeschätzt werden, daß wir das richtige Verhältnis zu ihnen gewinnen und uns nicht davon blenden lassen, daß diese Meinungen und Stimmungen uns sozusagen überall draußen in der Welt sichtbarlich entgegentreten können, sondern darauf kommt es an, daß wir wirklich in uns die Kraft finden, uns voll hineinzustellen in diese Welt, und in uns selber den Impuls suchen, um ein rechtes Verhältnis zur Umwelt zu gewinnen, damit uns die Geisteswissenschaft wirklich etwas werde, was uns innerlich durchwärmt, innerlich durchkraftet, so daß wir in ihr die Ausgangspunkte für unser Urteilen finden und uns nicht blenden lassen durch das, was uns von außerhalb kommt, und was uns – weil es mit Autorität, mit Macht auftreten kann – immer wieder täuschen kann über die Art, wie die Zeit diese Geisteswissenschaft verstehen kann.

Das ist es, was ich heute nochmals vor Ihre Seele bringen wollte. Denn wenn wir seltener zusammenkommen, wenn es dem Sommer zugeht, dann soll doch das für uns sicher sein: daß die Impulse der Geisteswissenschaft in unserer Seele leben unabhängig von Zeit und Raum, daß wir sie gleich lebendig in uns haben, ob unsere Zusammenkünfte öfter oder seltener sind. Auf ihr Wesen kommt es an, darauf, daß wir sie wirklich lebendig in uns machen. Das ist es, was mir oblag, heute mit Ihnen zu besprechen.

DAS HEREINWIRKEN DER GEISTIGEN WELT
IN UNSER DASEIN

Paris, 25. Mai 1914

Vor allen Dingen, meine lieben Freunde, lassen Sie mich meine herz-
liche Freude ausdrücken darüber, daß wir am heutigen Tage hier in
diesem Zweige der Anthroposophischen Gesellschaft uns wiederfinden
können. Ich erinnere mich dabei des schönen Nachklingens unseres vor-
jährigen Zusammenseins, und ebenso aufrichtig und herzlich, wie dieses Nachklingen war, ebenso aufrichtig und herzlich ist die Begrüßung,
mit der ich die heutigen Betrachtungen beginnen möchte.

Sprechen möchte ich heute über einen Gegenstand, welcher tief-
innerlich zusammenhängt mit dem Grundnerv unserer anthroposophischen Bewegung. All dasjenige, was wir vorzubringen vermögen
innerhalb unserer spirituellen Bewegung, beruht auf jenen Forschungen, die man hellsichtige Forschungen nennen kann. Und wenn es auch
durchaus immer wieder betont werden muß, daß von den anthroposophischen Wahrheiten vorzugsweise unser Herz, unser Gemüt getroffen
werden, so darf doch eben nicht außer acht gelassen werden, daß dasjenige, was auf unsere Herzen, auf unser Gemüt innerhalb dieser Bewegung wirken soll, seine Grundlage in dieser hellsichtigen Forschung
hat. Hellsichtige Forschung ist der Ausdruck einer anderen Verfassung
des menschlichen Seelenlebens, als diejenige ist, die den Alltag be-
herrscht. Scheinbar führt sie uns zunächst fort von demjenigen, was
uns als Menschen so naheliegt im alltäglichen Leben. In Wahrheit aber
führt uns diese hellsichtige Forschung gerade in den Mittelpunkt des
wahrhaft menschlichen Lebens. Nun möchte ich heute nicht sprechen
über die Wege zur hellsichtigen Forschung, die schon angedeutet sind
in dem Buche «Wie erlangt man Erkenntnisse der höheren Welten?»,
sondern ich möchte sprechen über die Eigentümlichkeiten jener Seelenverfassung, jener Stimmung der Menschenseele, die unter dem Eindruck
der hellsichtigen Forschung entstehen müssen. Festhalten müssen wir,
daß ja in der Tat die Wege zur hellsichtigen Forschung dahin führen,
daß der Mensch sich innerhalb ihrer wirklich als ein ganz anderes We-

82

sen fühlt, als er sich sonst im Leben fühlt. Will man dasjenige, was um die Menschenseele herum ist, wenn diese Menschenseele hellsehend wird, mit einer Erscheinung des gewöhnlichen Lebens vergleichen, so kann man es höchstens mit den Erscheinungen des Traumes, die aber wie ein Surrogat des Hellsehens sind. Wir erinnern uns, daß wir im Traume leben und weben in einer Bilderwelt, welche sich so darstellt, daß darin, wenn wir sie genau betrachten, uns nichts erscheinen kann von dem, was wir nennen «das Berührungsgefühl mit einem äußeren Gegenstand», und daß uns zunächst in dem gewöhnlichen Falle des Traumes nichts erscheint, was wir vergleichen können mit unserem gewöhnlichen Ich-Bewußtsein. Wenn uns im Traume doch etwas erscheint von unserem Ich, so erscheint es uns als von uns getrennt, wie ein äußeres Wesen. Wir treten unserem Ich wie einem anderen Wesen gegenüber, so daß man sprechen kann von einer Verdoppelung des Ich, wobei man aber im Traume nur das herausgetretene Ich wahrnimmt, nicht das subjektive Ich. Alles dasjenige, was zu widersprechen scheint dem eben Gesagten, rührt davon her, daß die meisten Menschen vom Traume nur aus der Erinnerung wissen und in der Erinnerung nicht genau festhalten können die Tatsache, daß im wirklichen Träumen das subjektive Ich ausgelöscht ist.

Dieselben Eigenschaften, die dadurch entstehen, daß das Berührungsgefühl und das subjektive Ich ausgelöscht sind im Traum, dieselben Eigenschaften hat zunächst das Feld, das Bilderfeld der hellsichtigen Forschung. Wenn der Hellseher sich erinnert an die Erfahrungen des Hellsehens, so muß er das Gefühl haben in der Erinnerung, daß die Realitäten des Hellsehens durchlässig sind, daß man sie durchgreifen kann, nicht daß sie Widerstand leisten wie ein physischer Gegenstand. Und bezüglich des Ich-Gefühls: In der physischen Welt haben wir das Ich-Gefühl dadurch, daß wir wissen: Ich stehe da, der Gegenstand ist außer mir. – In dem Felde der hellsichtigen Beobachtung sind wir in dem Gegenstand drinnen, wir trennen uns nicht, wir scheiden uns nicht von den Gegenständen des hellsichtigen Feldes. Diese Eigentümlichkeit des hellsichtigen Feldes hat die ganz bestimmte Folge, daß die einzelnen Objekte nicht feststehen wie die abgegrenzten Gegenstände des physischen Feldes, sondern in fortwährender Bewegung und Verwandlung sind. Die Gegenstände des physischen Feldes sind dadurch fest, daß wir sie berühren können, daß sie uns Grenzen setzen. Solche Grenzen setzen uns die Objekte des hellsichtigen Feldes nicht. Dasjenige, welches bewirkt, daß unser Ich zusammenfließt mit den Objekten des hellsichtigen Feldes, das bewirkt nun, daß alles, was uns auf dem physischen Plan als ein Ich entgegentritt, das heißt der Mensch selbst, im hellsichtigen Felde, wenn er auftritt, uns außerordentliche Vorsicht der Beobachtung notwendig macht. Ich will den zunächst bedeutungsvollsten Fall ins Auge fassen, daß wir auf dem hellsichtigen Felde, durch die entwickelten hellsichtigen Fähigkeiten, einem verstorbenen Menschen gegenübertreten. Wenn wir einem verstorbenen Menschen entgegentreten, so kann dies so geschehen, daß uns zunächst, wie ein mit großer Lebhaftigkeit auftretendes Traumbild, die Gestalt des verstorbenen Menschen im hellsichtigen Felde entgegentritt, so wie wir ihn uns vorstellen oder vorzustellen haben, als er noch lebte. Dies ist aber nicht etwa der gewöhnliche Fall, sondern dies ist der äußerste Ausnahmefall.

Es kann der Fall eintreten, daß sich uns nähert im hellsichtigen Felde ein Toter, und daß dieser Tote irgendeine Gestalt annimmt eines Lebenden oder eines anderen Toten, die nicht seine Gestalt ist. Die Gestalt, in der uns ein Toter entgegentritt, ist zunächst überhaupt nicht maßgebend für die Identifikation des betreffenden Toten. Es kann der Fall vorkommen, daß ein Toter sich uns nähert und wir haben einen anderen Toten besonders lieb gehabt, oder wir stehen in einem besonders freundschaftlichen Verhältnis zu einem Lebenden; dann kann der Tote, der uns entgegentritt, die Gestalt dieses Toten oder des Lebenden annehmen. Von diesem Gesichtspunkte aus fehlen uns zunächst alle Mittel, durch welche wir auf dem physischen Plan die Identifikation eines Ich mit einer Gestalt erkennen. Dasjenige, was uns dann helfen kann, wirklich uns zurechtzufinden, das ist, zunächst vorauszusetzen, daß die Gestalt gar nicht maßgebend ist, sondern daß uns in dieser oder jener Gestalt eben irgendein Wesen erscheint, und dann darauf zu merken, was dieses Wesen tut, welche Handlungen es vollbringt. Und es wird sich, wenn wir in aller Ruhe uns dem Bilde hingeben, die Konsequenz zeigen, daß nach alledem, was wir wissen von der betreffenden Gestalt, diese Gestalt nicht so handeln kann, wie sie auf dem hell-

84

sichtigen Felde handelt. Ein Widerspruch zwischen der Gestalt und der Handlungsweise wird uns sehr häufig entgegentreten. Und wenn wir mit unserem Fühlen mitgehen mit der Handlungsweise, ganz unbeschadet des Eindrucks der Gestalt, dann taucht aus den Tiefen unserer Seele ein Gefühl herauf, welches uns die Spur weist zu dem Wesen, um das es sich eigentlich handelt. Halten wir fest, daß es ein aus den Tiefen der Seele heraufdringendes Gefühl ist, das uns leitet, denn das ist außerordentlich wichtig. Dasjenige, was uns auf dem hellsichtigen Felde als Gestalt erscheint, die etwa ähnlich sein könnte einer physischen Gestalt, das kann so unähnlich sein dem Wesen, das wirklich erscheint, wie die Zeichen, die auf dem Papier für das Wort «Haus» stehen, unähnlich sind dem wirklichen Haus. Aber ebenso wie wir, wenn wir auf dem Papier die Zeichen, die das Wort «Haus» zusammensetzen, sehen, wie wir dann nicht unsere Aufmerksamkeit auf die Zeichen richten und nicht beschreiben die Formen der Buchstaben, sondern über die Form der Buchstaben, dadurch daß wir lesen können, zu der Vorstellung der Form des Hauses kommen, so eignen wir uns beim wirklichen Weg zum Hellsehen die Möglichkeit an, von der Gestalt zu dem wirklichen Wesen hinzugehen. Aus diesem Grunde spricht man im wahren Sinne des Wortes vom Lesen der okkulten Schrift, das heißt, vom innerlich lebendigen Hinausgehen über dasjenige, was die Vision ist zu dem, was die Vision ausdrückt, aber real ausdrückt, wie die Schrift ausdrückt die Realitäten.

Es ist nun natürlich, daß wir uns fragen müssen: Wodurch eignen wir uns diese Fähigkeit an des Hinausgehens über die Gestalt, über die unmittelbare Vision? Wir eignen uns diese Fähigkeit vor allem dadurch an, daß wir ins Auge fassen neue Vorstellungen, neue Begriffe, die wir brauchen, wenn wir das hellsichtige Feld verstehen wollen, neue Vorstellungen gegenüber den Vorstellungen, die wir für das physische Feld haben. Auf dem physischen Feld ist dort ein Gegenstand oder ein Wesen, und indem wir es wahrnehmen, sagen wir mit Recht: Ich nehme das Wesen, ich nehme den Gegenstand wahr, ich nehme ihn wahr. – So nehmen wir wahr die Wesen des Pflanzen-, des Mineral-, des Tierreiches, des physischen Menschenreiches, so nehmen wir wahr Wolken, Berge, Flüsse, Sterne, Sonne und Mond. Dieses Gefühl, das ausgedrückt wird in den Worten: Ich nehme wahr –, erfährt eine Umänderung, eine Verwandlung, wenn wir uns auf das hellsichtige Feld begeben.

Ich will versuchen, durch einen Vergleich, der etwas grob klingen mag, klarzumachen, was mit dem eben Gesagten gemeint ist. Versetzen wir uns in das Wesen einer Pflanze und in ihr Verhältnis zu uns, wenn wir die Pflanze wahrnehmen. Wenn die Pflanze bewußt sprechen könnte, müßte sie sagen: Ich werde von den Menschen angeschaut, ich werde von den Menschen wahrgenommen. – Wir sagen: Ich nehme die Pflanze wahr. – Die Pflanze müßte von ihrem Bewußtsein aus sagen: Ich werde von den Menschen wahrgenommen. – Und dieses Gefühl des Wahrgenommenwerdens, des Angeschautwerdens, dieses Gefühl müssen wir uns gegenüber den Wesen des hellsichtigen Feldes aneignen. Wenn wir zum Beispiel sprechen von den Wesenheiten der ersten Hierarchie über uns, der Hierarchie der Angeloi, so müssen wir uns klar sein, daß es, genau gesprochen, nicht richtig ist, zu sagen: Ich nehme einen Engel wahr –, sondern wir müssen sagen: Wir fühlen, ein Engel nimmt uns wahr, oder nimmt mich wahr. – Wie wir sagen: Die Sonne geht auf und bewegt sich um den Horizont –, trotzdem wir, als innerhalb der Kopernikanischen Weltanschauung stehend, überzeugt sind, daß die Sonne stillsteht, daß die Sonne sich nicht bewegt, wie wir in diesen unseren Worten widersprechen dem, was wir denken, so können wir gewiß auch sagen für die gewöhnliche Sprache: Ich sehe einen Engel. – In Wahrheit ist es nicht richtig. In Wahrheit müssen wir sagen: Ich fühle mich von einem Engel gesehen oder geschaut. – Der Ausdruck: Das Wesen eines Engels oder das Wesen eines Toten ruht auf mir, für mich fühlbar –, ist ein richtiger Ausspruch vom Standpunkt des Hellsehers. Die Dinge begreift man vielleicht am leichtesten durch Beispiele. Es sei deshalb ein Beispiel aus der wirklich hellsichtigen Beobachtung hier angeführt.

Im Beginn unserer geisteswissenschaftlichen Arbeit, es ist jetzt mehr als ein Jahrzehnt her, arbeitete mit uns kurze Zeit eine uns sehr liebe, uns freundschaftlich zugetane Persönlichkeit. Diese Persönlichkeit war ausgestattet nicht nur mit einem enthusiastischen Inneren für dasjenige, was wir damals im Beginne der geisteswissenschaftlichen Bewegung ihr geben konnten, sondern auch ausgestattet mit einem tiefen künstlerischen Gefühl und Empfinden und einer bedeutungsvollen künstlerischen Auffassung. Diese Persönlichkeit, man mußte sie liebgewinnen, ich möchte sagen, mit einer Liebe, die man objektiv nennen kann, wegen der bei ihr charakterisierten Eigenschaften. Sie verließ dann, nachdem sie verhältnismäßig kurze Zeit mit uns gearbeitet hatte und sich einen wirklich großen Teil unserer damaligen geisteswissenschaftlichen Ergebnisse angeeignet hatte, den physischen Plan. Es ist nicht nötig, daß ich nun die nächsten vier bis fünf Jahre nach dem Tode der betreffenden Persönlichkeit in bezug auf sie berühre, sondern ich will gleich erzählen von demjenigen, was vorging, nachdem vier bis fünf Jahre nach dem physischen Tod der betreffenden Persönlichkeit verflossen waren. Es kam das Jahr 1909, in dem wir begannen in München mit unseren Mysterienspielen, die wir beginnen konnten zu unserer großen Freude mit den «Kindern des Luzifer» unseres hochverehrten *Edouard Schuré*. Wie man auch denken mag über das gut oder schlecht, wie wir diese Mysterienspiele damals und dann im Laufe der Jahre aufgeführt haben, wir mußten sie aufführen, wie wir sie eben aufgeführt haben. Was ich aber sagen darf, das ist, daß wir unter den Verhältnissen, unter denen die Aufführungen geleistet werden mußten, einen Impuls aus der spirituellen Welt, auch für das Künstlerische, das wir verbinden wollten mit den Aufführungen, brauchten. Nun kann ich Ihnen die bestimmteste Versicherung geben, daß schon damals, 1909, aber insbesondere immer bedeutsamer und bedeutsamer in den nachfolgenden Jahren, ich von neuem immer fühlte einen bestimmten spirituellen Impuls, wenn ich daran ging, das Szenische und die ganze Einrichtung der betreffenden Aufführungen zu arrangieren. Wir wollen uns noch durch folgendes verständigen. Wenn man irgend etwas zu tun hat auf dem physischen Plan, so braucht man dazu nicht nur die Geisteskraft, die Talente, sondern man braucht auch seine Muskeln zur Arbeit auf dem physischen Plan. Diese Muskeln sind etwas, was uns objektiv zu Hilfe kommt, etwas, was uns gegeben ist im Gegensatz zu den Geisteskräften, in denen wir selbst darinnen leben. Bei demjenigen nun, wo Spirituelles in Betracht kommt, brauchen wir, so wie wir zum physischen Handeln Muskelkraft brauchen, spirituelle Kräfte, die aus der geistigen Welt herauskommen und sich mit unseren eigenen

Kräften verbinden. In dem Falle, den ich angeführt habe, war es so, daß mit zunehmenden Jahren für die künstlerische Ausgestaltung der Münchner Spiele immer mehr und mehr in das, was ich selbst zu tun hatte, was ich zu tun hatte für meine Mitarbeiter, hineinfloß der Impuls, der ausging von der vorher angeführten Persönlichkeit, die seit dem Jahre 1904 den physischen Plan verlassen hat. Wollte ich richtig ausdrücken, um was es sich handelt, so hatte ich mir zu sagen: In deine Intentionen, in deine Verrichtungen fließt herein der Impuls, der von dieser Persönlichkeit vom spirituellen Plan herunterkommt. Sie ist die Schutzpatronin desjenigen, um was es sich dabei handelt.

So fühlen wir richtig, auch gegenüber einer verstorbenen Persönlichkeit, wenn wir uns bewußt sind: Ihr geistiges Auge – der Ausdruck sei erlaubt –, ihre Kräfte ruhen auf uns, sie fließen in unsere Kräfte ein, sie sehen uns an, sie handeln in uns herein. – Um solch ein geistiges Faktum in der richtigen Weise zu erleben, dazu ist vor allen Dingen notwendig eine ganz bestimmte Art von Selbstlosigkeit und Liebefähigkeit. Deshalb hob ich hervor, daß man die betreffende Persönlichkeit wegen ihrer Eigenschaften gleichsam objektiv lieben konnte, sie lieben mußte, weil sie so war. Eine subjektive Liebe, eine Liebe, die aus den persönlichen Bedürfnissen hervorgeht und die leicht egoistisch sein kann, eine solche Liebe kann unter Umständen uns hindern, das richtige Verhältnis zu einer solchen toten Persönlichkeit zu finden. Und der Unterschied der richtigen Liebe, der selbstlosen Liebe, die wir solch einem verstorbenen Wesen entgegenbringen, von der selbstsüchtigen Liebe, der tritt wirklich in der hellsichtigen Erfahrung zutage.

Nehmen wir an, solch eine Persönlichkeit sollte uns nach ihrem Tode helfen und wir könnten nicht eine wirklich selbstlose Liebe zu ihr aufbringen, dann würde die Strömung, die von ihr ausgeht, indem sie ihr geistiges Auge und ihren geistigen Willen auf uns richtet, wie brennen, sie würde ein für uns stechendes, brennendes Gefühl in der Seele erzeugen. Wenn wir eine wirklich selbstlose Liebe aufbringen und bewahren können, die wir einem Toten entgegenbringen, dann kommt die Strömung, der gleichsam geistige Blick, der von einer solchen Persönlichkeit ausgeht, wie warme Milde über unsere Seele, und die warme Milde gießt sich in dasjenige, was wir denken, in dasjenige, was wir vorstellen, fühlen und wollen. Und in diesem Fühlen erkennt man die verstorbene Persönlichkeit, nicht an der unmittelbaren Gestalt, denn sie kann eine Gestalt annehmen, die uns gerade naheliegt und sich durch diese naheliegende Gestalt ausdrückt. Die Gestalten, in denen uns die Wesen der höheren Welt erscheinen – und ein Toter ist nach dem Tode ein Wesen eben der höheren, der geistigen Welt –, diese Gestalt hängt ab von unserer subjektiven Beschaffenheit, von dem, was wir gewohnt sind zu sehen, zu denken, zu fühlen. Die Art, wie wir dem Wesen, das in der Gestalt sich ausdrückt, gegenüber fühlen, empfinden, wie wir aufnehmen das, was von dem Wesen ausgeht, das ist die Realität. Wie auch immer die *Jungfrau von Orleans* sprechen konnte von den Gestalten, in denen ihr die Wesen der höheren Welt erschienen, der Okkultist, der die Dinge zu untersuchen in der Lage ist, weiß, daß hinter diesen Gestalten immer der Genius der französischen Nation war.

Ich habe Ihnen geschildert, wie man lernt fühlen, wie der Blick der geistigen Wesen auf einem ruht, wie ihr Wille sich in unsere eigene Seele hineinergießt. Indem man dieses lernt, lernt man dasjenige, was für das Hellsehen analog ist dem physischen Lesenlernen. Jemand, der nichts anderes wollte, als seine Visionen beschreiben, der wäre gleich einem Menschen, der die Form der Buchstaben auf dem Papier beschriebe und nicht auf dasjenige hinwiese, was er durch die Buchstaben und Worte liest. Sie sehen daraus, wie unendlich nahe es liegt, gegenüber den Erfahrungen des hellsichtigen Feldes vorurteilsvoll zu sein. Denn das nächste ist natürlich, daß man den Hauptwert darauf legt, die Form der Vision zu beschreiben, während tatsächlich es darauf ankommt, was hinter dem Schleier des Visionären liegt und sich durch die Bilder der Visionen zum Ausdruck bringt. So ist es notwendig, sich vorzustellen, daß die Seele eintaucht, indem sie sich okkult entwickelt, in ganz bestimmte Stimmungen, innere Verfassungen, die sich unterscheiden von den Stimmungen und Verfassungen des gewöhnlichen Lebens. Wir können sagen: In dem Augenblick, wo wir durch unsere okkulten Übungen soweit sind, daß die Berührung, die für den physischen Plan charakteristisch ist, aufhört, und daß aufhört charakteristisch zu sein die Gestalt für das Ich des betreffenden Wesens, daß in dem Augenblick wir in der Welt sind, in der wir fähig werden, die

89

Hierarchie der (Angeloi) wahrzunehmen und die Hierarchie, wir können auch sagen die Hierarchien, der verstorbenen Menschen wahrzunehmen. Eine Veränderung erfährt dann, wenn das Berührungsgefühl und die Identifizierung des Ich durch die Gestalt aufhört, unser Denken, unser Leben in Gedanken. Gedanken in dem Sinne, wie wir sie hier in der physischen Welt haben, haben wir dann gar nicht mehr. Jeder Gedanke nimmt in dieser Welt die Form einer Elementarwesenheit an, wird Wesenheit. In der physischen Welt widersprechen sich die Gedanken oder stimmen miteinander überein. In der Welt, in die wir da eintreten, bekämpfen sich die Gedanken als wirkliche Wesenheiten. Sie lieben einander oder sie hassen einander. Wir leben uns sogleich hinein in eine Welt vieler Gedankenwesen. Und dasjenige, wofür wir gewohnt sind, das Wort «Leben» zu gebrauchen, das fühlen wir wirklich darinnen in den lebendigen Gedanken, die Lebewesen sind. Leben und Gedanken haben sich miteinander verbunden, während in der physischen Welt Leben und Gedanken vollständig voneinander getrennt sind. Wenn man als physischer Mensch spricht, jemandem seine Gedanken mitteilt, dann hat man das Gefühl: Deine Gedanken kommen aus deiner Seele heraus, du mußt dich im Moment an deine Gedanken erinnern. Wenn man als Okkultist spricht, wirklich als Okkultist spricht, nicht bloß aus der Erinnerung mitteilt das, was man erlebt hat, so muß man das Gefühl haben: Deine Gedanken kommen als lebendige Wesen herauf, und du mußt froh sein, wenn im richtigen Moment du begnadet wirst, daß der Gedanke herankommt als ein wirkliches Wesen.

Um die Sache klarzumachen, will ich zweierlei anführen. Redet man als physischer Mensch aus seinen Gedanken heraus, so wird man, wenn man zum Beispiel als Vortragender einen Vortrag zum dreißigsten Male hält, leichter reden, als man geredet hat, wie man ihn zum ersten Male hielt. Indem man als Okkultist redet, müssen immer die Gedanken wirklich herankommen, und sie verlassen einen wieder. Und genau wie ein Mensch, der uns das dreißigste Mal besucht, jedesmal dieselbe Arbeit verrichten muß, wie er, wenn er uns dreißigmal besucht, auch dreißigmal den Weg machen muß, so muß der Gedanke, den wir das dreißigste Mal mitteilen als lebendigen Gedanken, dreißigmal an uns herankommen, herankommen genau wie beim ersten Male, und die Erinnerung nützt uns dabei nicht das geringste.

Wenn man als physischer Mensch seine Gedanken äußert, und es ist unter den Zuhörern in irgendeiner Ecke jemand, der denkt: Ich mag den Unsinn, den der da redet, nicht, ich hasse ihn –, so wird einen physischen Menschen das nicht besonders beirren. Man hat vielleicht so und so oft seine Gedanken vorbereitet und spricht sie aus, ganz gleichgültig, ob in irgendeiner Ecke jemand mit guten oder schlimmen Gedanken sitzt. Wenn man als Okkultist seine Gedanken herankommen läßt, so kann es wohl sein, daß der Gedanke aufgehalten wird von irgend jemand, der ihn haßt, oder von jemand, der den Redner haßt. Und es müssen dann erst überwunden werden die Kräfte, mit denen der Gedanke zum Beispiel in demselben Raum zurückgehalten wird, weil man es mit einem lebendigen Wesen zu tun hat und nicht mit einem abstrakten Gedanken.

Ich führe diese beiden Dinge an, um zu zeigen, wie man sofort untertaucht, wenn man ins hellsichtige Feld hineinkommt, in ein lebendiges Leben und Weben der Gedanken. Die Gedanken sind wie aus dem Subjektiven herausgegangen, und man selbst ist aus sich herausgegangen und lebt draußen, ich möchte sagen, in der weiten Welt. Indem man in dieser Welt der lebenden und webenden Gedanken lebt, ist man in der Welt der Hierarchie der Angeloi und man könnte sagen: Wie unsere physische Welt überall erfüllt ist von Luft, wohin wir auch gehen, so ist diese Welt der Hierarchie der Angeloi überall erfüllt von jener milden Wärme, die vorhin erwähnt worden ist und die ausströmt von den Wesen der Hierarchie der Angeloi. Wenn wir uns durch unsere innere Entwickelung dieser Art zu der Möglichkeit erheben, zu leben in der geistigen Atmosphäre strömender Milde, so, kann man sagen, kann man auf der eigenen Seele ruhen fühlen die geistigen Augen der Hierarchie der Angeloi.

Versuchen wir noch von einer anderen Seite dieselbe Sache zu charakterisieren. In unserem physischen Leben haben wir Ideale. Wir denken diese Ideale in Abstraktionen. Indem wir sie denken, fühlen wir uns verpflichtet, ihnen zu folgen. Sobald wir in das Feld der hellsichtigen Beobachtung eintreten, gibt es nicht abstrakte Ideale. Die abstrakten Ideale sind dort lebende Wesen, die Wesen der Hierarchie der Angeloi. Diese Ideale fließen, man möchte sagen, auf uns mit Wärme blickend, durch den geistigen Raum in der Gestalt eines Wesens der Hierarchie der Angeloi.

In der physischen Welt können wir vielleicht ein Ideal haben, wir können wissen davon, aber wir können uns dieses Wissens nicht bedienen, sondern werden vielleicht durch Leidenschaft, durch Gefühl, durch Empfindung veranlaßt, uns um das Ideal gleichsam herumzudrücken. In der Welt des hellsichtigen Feldes ist das anders. Wenn wir irgendein Ideal, von dem wir wissen können, nicht beachten, so fühlen wir: Ein auf uns ruhender geistiger Blick eines Wesens der Hierarchie der Angeloi macht uns einen Vorwurf, und der Vorwurf brennt. So ist die Nichtbeachtung eines Ideals in der geistigen Welt eine reale Tatsache, die Tatsache, daß uns ein Wesen aus der Hierarchie der Angeloi einen Vorwurf macht. Und die Eigentümlichkeit in der Welt, von der ich jetzt gesprochen habe, ist die, daß wir, durch das Ruhen des geistigen Blickes eines solchen Wesens aus der Hierarchie der Angeloi auf uns, den Vorwurf fühlen. Indem wir von dem Wesen angeschaut werden, fühlen wir den Vorwurf. Das Anschauen ist zugleich das Fühlen des Vorwurfes. Sie sehen daraus, daß ein Weg, um in die Welt der Hierarchie der Angeloi hineinzukommen, der sein kann, Idealen gegenüber real fühlen zu lernen. Halten wir unser Bewußtsein nur auf dem physischen Plan, so werden wir in der folgenden Weise denken: Ich finde, dies ist irgendein Ideal, das ich erkannt habe, aber ich bin zu bequem, ihm zu folgen. Wenn ich ihm nicht folge, nun, dann ist nichts geschehen. – Nehmen wir an, wir lernen anders fühlen, so fühlen, daß, wenn wir von irgendeinem Ideal wissen und, ohne daß irgendwie eine andere Konsequenz eintritt als diese, daß wir ihm nicht gefolgt sind, wir uns sagen: Folgst du diesem Ideal nicht, so ist die Welt, nachdem du ihm nicht gefolgt bist, anders geworden, als sie wäre, wenn du ihm gefolgt wärest. – Gewöhnen wir uns an, in der Nichtbefolgung unserer Ideale etwas Wirkliches zu sehen und verwandeln wir dies in ein reales Gefühl, dann sind wir auf dem Wege in die Hierarchie der Angeloi hinein. So zeigt sich uns in der Möglichkeit der Umwandlung unserer Empfindung, der Verlebendigung unserer Empfindungen, die Möglichkeit, mit der Seele hineinzuwachsen in die höheren Welten.

Wir können, indem wir unsere Anstrengung des esoterischen Übens weiter fortsetzen, auch in eine höhere Welt noch hinaufwachsen, in die Welt der Hierarchie der Archangeloi. Dem Engel gegenüber fühlen wir, wenn wir ihm nicht folgen, seinen Vorwurf; dem Archangelos gegenüber fühlen wir nicht nur seinen Vorwurf, sondern wir fühlen von ihm ausgehend eine wirkliche Wirkung auf unser eigenes Wesen. Wir können wirklich sagen: Indem wir selbst mit unseren Gedanken und Empfindungen leben in der Welt, die der Hierarchie der Archangeloi angehört, wirkt durch unser Wesen hindurch die Stärke, die Kraft der Archangeloi. – Ich will auch diesen Fall wiederum durch ein Beispiel dem Verständnis nahezubringen versuchen.

In den letzten Monaten verloren wir, durch das Hinweggehen vom physischen Plan, einen uns außerordentlich lieben Freund. Der Betreffende, ein tiefer, intimer Dichter, fand sich im Laufe der letzten Zeiten, es waren nahezu fünf Jahre, rasch so weit in unsere anthroposophische Weltauffassung hinein, daß in schöner Weise uns widerklang in seinen intimen Dichtungen der letzten Jahre dasjenige, was er erfühlen konnte eben aus unserer Weltanschauung heraus. Er kämpfte in der ganzen Zeit, im Grunde seitdem er uns angehört und schon früher, mit einem siechen, verfallenden Leibe. Und je mehr der physische Leib sich wurde, desto mehr lebten sich in seine Seele Dichtungen ein, die unserer Weltanschauung entsprachen. Nach seinem Hinweggang von dem physischen Plan zeigt sich nun das Folgende. Da die Zeit kurz ist, die verflossen, seitdem diese Persönlichkeit den physischen Plan verlassen hat, kann man im Grunde genommen nicht einmal von einem deutlich vorhandenen Bewußtsein bei dieser Individualität sprechen. Trotzdem zeigen sich die ersten Stadien seiner Entwickelung für die Zeit zwischen dem Tode und einer neuen Geburt in einer ganz eigenartigen Weise. Der Astralleib, der herausgezogen ist aus dem physischen Leibe, der nun in der geistigen Welt lebt, zeigt in sich die wunderbarsten Tableaux der kosmischen Entwickelung, wie wir sie durch die Geisteswissenschaft kennenlernen können. Aus dem siechen physischen Leibe hat sich herausgezogen ein Astralleib, der bald nach dem Tode, man kann sagen vergleichsweise, so aufleuchtete, daß man auf dem hellsichtigen Felde in ihm ein vollständiges Bild der kosmischen Entwickelung vor sich hatte. Um verständlich zu machen, wie die Sache gemeint ist, möchte ich einen Vergleich gebrauchen. Man kann ein großer Schätzer der Natur sein, man kann alles bewundern, was in der Natur, was in der äußeren physischen Wirklichkeit um uns ausgebreitet ist, und doch gern zu einem wirklich schönen Gemälde gehen, das aus einer anderen Seele heraus dasjenige wieder erschafft, was man draußen in weitem Umfange in der Natur sieht. In ähnlicher Weise kann man das hellsichtige Feld um sich herum haben mit all seinen Geheimnissen und doch innerlich erhoben sein dadurch, daß man aus einem menschlichen Astralleibe, aus einer menschlichen Seele, die durch die Pforte des Todes gegangen ist, noch einmal aufleuchten sieht, ich möchte sagen, wie in einem kosmischen Kunstwerk aufleuchten sieht das, was man auf dem hellsichtigen Felde anschaut. Wenn man nun fragt: Wodurch hat sich eingeprägt dem Astralleibe in diesem Falle dasjenige, was er uns zeigt nach dem Tode, seiner selbst jetzt noch unbewußt, später auch ihm bewußt werdend? – so bekommt man die Antwort: Dadurch, daß, während er seine eigene anthroposophische Entwickelung durchmachte, in seine dichterisch-verklärten anthroposophischen Gedanken und Ideen hineinarbeiteten die Wesenheiten aus der Hierarchie der Archangeloi.

Wir können unsere eigenen Fortschritte, die wir machen dadurch, daß wir uns okkult entwickeln, Fortschritte in der Mystik nennen, denn diese Fortschritte sind zunächst innere Fortschritte der Seele. Wir bringen uns, aus unserer gewöhnlichen Persönlichkeit heraus, in eine andere Verfassung unserer Individualität, unseres ganzen Wesens hinein. Stufenweise bringen wir uns in eine andere Verfassung hinein. Dieses innerliche Fortschreiten, dieses immer weiter- und weiterkommen der Seele, man kann es mystischen Fortschritt der Seele nennen, wie es innerlich zunächst erlebt scheint. Was aber innerliche Mystik ist, ist nicht bloß diese Mystik, sondern in dem Augenblick, in dem man sich entwickelt hat zum Wahrnehmen der aus der geistigen Welt herabschauenden Milde, in diesem Augenblick ist man objektiv in der Welt der Angeloi drinnen, es offenbart sich die Welt der Angeloi. Und in dem Augenblick, in dem man erkennen lernt, wie reale Wirkungen von Stärke, von Kraft in uns hineinkommen, in dem Augenblick sind wir in der Welt der Archangeloi darinnen. So bedeutet jede Stufe eines innerlichen mystischen Fortschrittes das Versetztsein in eine andere Welt. Wir können nicht eine bestimmte Stufe mystischer Entwickelung im Inneren erreichen, ohne in eine andere Welt versetzt zu werden.

Nur wenn wir nicht hineinbringen das, was bezeichnet worden ist als Selbstlosigkeit in diesem Sinn, so geschieht etwas anderes. Nehmen wir zum Beispiel an, wir arbeiten an uns, wir erreichen die Stufe einer solchen Entwickelung, durch die wir durch unsere inneren Fähigkeiten in der Welt der Angeloi leben können. Aber wir sind Selbstlinge, Egoisten, wir sind lieblose Menschen geblieben, dann tragen wir unser für die physische Welt bestimmtes Selbst in die Welt der Angeloi herein. Und anstatt daß wir dann ruhen fühlen den milden Blick und den milden Willen der Angeloi auf uns, fühlen wir diejenigen geistigen Mächte, die durch uns selbst aufsteigen können, die, statt von außen auf uns zu schauen, durch uns aus ihrer, nennen wir es Unterwelt heraus, frei werden, indem wir in eine höhere Welt hinaufgehoben werden. Statt daß uns die Welt der Angeloi überschattet oder überleuchtet besser gesagt, kommt aus uns heraus die entsprechende Welt luziferischer Wesenheiten. Und wenn wir uns unter denselben Bedingungen in die Welt der Archangeloi hinaufleben, so daß wir zwar die Stufe mystischer Entwickelung erreicht haben, durch die wir drinnenstehen können in der Welt der Archangeloi, aber ohne das Gefühl zu entwickeln, durch Gnade empfangen zu wollen die Einflüsse der geistigen Welt, dann tragen wir wiederum unser Selbst hinauf in die Welt der Archangeloi. Und statt daß uns dann innerhalb dieser Welt die Archangeloi durchkraften, durchimprägnieren mit ihren Kräften, statt dessen steigen aus uns heraus und sind um uns herum die Wesenheiten der ahrimanischen Welt, die Welt des Ahriman.

Es scheint zunächst recht schrecklich zu sein, wenn man sagt: Die Welt Luzifers erscheint auf dem Plan der Angeloi, die Welt Ahrimans erscheint auf dem Plan der Archangeloi. Allein in Wirklichkeit ist diese Tatsache durchaus nichts Schreckliches. Luzifer und Ahriman sind unter allen Umständen höhere Wesenheiten als der Mensch selbst. Luzifer ist ein Wesen, das wir bezeichnen können als einen auf einer früheren Stufe zurückgebliebenen Erzengel, Ahriman ein Wesen, das wir bezeichnen können als einen auf einer früheren Stufe zurückgebliebenen Geist der Persönlichkeit. Das Schreckliche besteht nicht darin, daß wir Luzifer und Ahriman begegnen, sondern es tritt dann ein, wenn wir ihnen begegnen und sie nicht erkennen. Luzifer begegnen in der Welt der Angeloi, bedeutet tatsächlich dem Geist der Schönheit, dem Geist der Freiheit zu begegnen. Aber alles hängt davon ab, daß wir in dem Moment, wo wir eintreten in die Welt der Angeloi, wirklich auch wahrnehmen können Luzifer und seine Scharen. Ebenso ist es in der Welt der Archangeloi für Ahriman. Schrecklich ist das Heraussetzen Luzifers und Ahrimans in den höheren Welten nur dann, wenn wir sie nicht erkennen, indem wir sie heraussetzen, wenn sie also uns beherrschen, ohne daß wir sie bewußt uns gegenüber haben. Darauf kommt es an, daß wir sie bewußt gegenüber haben. So modifiziert sich die Ansicht, die man leicht über Luzifer und Ahriman haben kann, wenn man die Voraussetzungen anschaut, die wir heute geliefert haben. Nehmen wir nun an, wir hätten uns durch unsere mystische Entwickelung zum Felde der Angeloi hinaufentwickelt und wären fähig geworden, in der Welt der Angeloi wirklich drinnen zu leben. Wenn wir nun wirklich fruchtbaren Okkultismus treiben wollen auf dem Feld der Angeloi, so müssen wir in dem Augenblick, wo wir erwarten, die Angeloi ruhen mit ihrem geistigen Blick auf uns, fragen: Wo ist Luzifer? – Der muß da sein! Denn, wenn wir nicht antworten können auf die Frage: Wo ist Luzifer? – dann ist er in uns. Er muß aber außer uns sein in diesem Felde, wir müssen ihm gegenüberstehen. Darauf kommt es an. Nicht bloß um die Fakten hervorzuheben, die ich hervorgehoben habe in bezug auf Luzifer und Ahriman, in bezug auf Angeloi und Archangeloi, sondern um eine Eigentümlichkeit in der Offenbarung der höheren Welt auseinanderzusetzen, habe ich das Betreffende ausgeführt. Vom Gesichtspunkte des physischen Planes aus gesprochen, kann man leicht dazu verführt sein zu sagen: Luzifer und Ahriman sind böse Mächte. Sobald man in die höhere Welt eindringt, hat dieses Wort: Luzifer und Ahriman seien böse Mächte – keine Bedeutung mehr. Luzifer und Ahriman müssen da sein auf dem hellsichtigen Felde, wie die

Angeloi und die Archangeloi da sein müssen. Nun besteht aber in der Tat ein gewisser Unterschied in dem Gewahrwerden der Angeloi und Archangeloi und dem Gewahrwerden Luzifers und Ahrimans. Ich habe ausgeführt: Die Engel nehmen wir wahr, indem wir ihre Gestalt nicht maßgebend für sie ansehen, sondern ihre in uns einfließende Milde. Die Archangeloi nehmen wir wahr wiederum, indem wir nicht ihre Gestalt als das Maßgebende wahrnehmen, sondern indem wir lassen ihre Stärke, ihre Kraft in unser Gefühl, in unseren Willen einströmen. Luzifer und Ahriman, die sind in der geistigen Welt wie Gestalten, Gestalten, die nur ins Geistige übersetzt sind, die nicht Berührung liefern, aber wie Gestalten, die man ansprechen kann als vergeistigte Wiederholungen der physischen Welt. Sie sehen daraus, daß es wichtig ist, uns anzueignen in unserer mystischen hellsichtigen Entwickelung nicht nur die Fähigkeit, Gestalten zu sehen in der höheren Welt, sondern das Bewußtsein zu entwickeln: Du wirst beschaut, auf dir ruht höherer Wille. Dieses letztere Bewußtsein muß hinzukommen zu dem Bewußtsein, hellsichtig Gestalten zu sehen.

Sie sehen daraus, daß nicht bloß in der Aneignung der Clairvoyance, in der Aneignung desjenigen, was man oftmals Hellsehertum nennt, die Höherentwickelung besteht, sondern in der Aneignung einer bestimmten Seelenverfassung, einer bestimmten Seelenstimmung, eines bestimmten Verhältnisses zu den Wesen der höheren Welt. Und der Entwickelung der visionären Fähigkeiten muß die andere hier angedeutete Entwickelung der Seele zu einer anderen Verfassung, zu einer anderen Stimmung durchaus parallel gehen. Wir müssen daraus ersehen, daß wir unter allen Umständen lernen müssen nicht nur das Schauen in der höheren Welt, sondern das Lesen in der höheren Welt, das Lesen nicht pedantisch gemeint wie etwas, was man elementar erlernen kann, sondern wie etwas, in das man sich hineinlebt, indem man Umwandlungen seiner Gefühle und Empfindungen durchmacht, so wie es angedeutet wurde. Daher ist es wichtig, wirklich festzuhalten, daß in dem Augenblick, wo das Hellsehen beginnt und man dadurch zur Offenbarung höherer Welten hinaufsteigt, wirklich eine Art Spaltung der Persönlichkeit stattfindet. Die eine Persönlichkeit, die man auf dem physischen Plan ist, die läßt man zurück. Man ist nun eine andere Persönlichkeit, indem man hinaufsteigt in eine höhere Welt. Und so wie wir angeschaut werden in der höheren Welt von den Wesenheiten der höheren Hierarchien, wie wir wahrgenommen werden von den Wesen der höheren Hierarchien, so schauen wir unsere gewöhnliche Persönlichkeit von unserem höheren Gesichtspunkt aus selbst an. Wir schauen, indem wir mit dem höheren Wesen aus dem niederen Wesen herausgegangen sind, als höheres Wesen unser niederes Wesen an. So daß wir gut tun, wenn wir irgend etwas Gültiges für die höheren Welten aussprechen wollen, zu warten, bis wir in die Lage kommen, zu sagen: Das bist du, den du selbst da siehst in deinem hellsichtigen Felde, das bist du. – Dieses «Das bist du» entspricht auf dem höheren Plane dem «Das bin ich» auf dem physischen Plane. Dieses «Das bin ich», verwandelt sich auf dem höheren Plan in das «Das bist du». Es ist eigentlich mehr gesagt mit dem eben Ausgesprochenen, als man gewöhnlich denkt. Versetzen Sie sich einmal in den Fall, Sie blickten von Ihrem heutigen Gesichtspunkt zurück auf den Zeitpunkt, wo Sie acht oder dreizehn oder fünfzehn Jahre alt waren, und Sie versuchten, ein kleines Stück Ihres Lebens aus der Erinnerung zu rekonstruieren aus dem achten, dem dreizehnten oder dem fünfzehnten Jahre. Stellen Sie sich lebhaft vor dieses Zurückblicken in Ihre eigene Gedankenwelt, indem Sie die Erinnerungen aus der Gedankenwelt zurückkonstruieren. Nun vergegenwärtigen Sie sich das Gefühl, das Sie gegenüber diesem acht- oder dreizehn- oder fünfzehnjährigen Knaben oder Mädchen, der oder das Sie selbst waren, nun haben. Vergegenwärtigen Sie sich lebhaft Ihr gegenwärtiges Gefühl gegenüber diesen vergangenen Erlebnissen. Sobald man von dem physischen Plan in die höhere Welt hinaufkommt, wird der Augenblick, in dem wir unmittelbar jetzt leben, sogleich eine solche Erinnerung, wie die eben charakterisierte. Man schaut auf das, was man auf dem physischen Plan jetzt ist und auf das, was man noch werden kann in dem Rest seines physischen Lebens, so zurück, wie Sie zurückschauen von dem jetzigen Gesichtspunkt aus auf die Erlebnisse im achten, dreizehnten, fünfzehnten Jahr. Es ist durchaus wahr: Was wir fühlen, was wir denken, was wir vorstellen, was wir handeln auf dem physischen Plan, in dem Augenblick, wo wir die höhere Welt betreten, ist das alles, was wir zusammenfassen unter unserem Selbst auf dem physischen Plan, eine Erinnerung. Wir schauen herunter auf den physischen Plan und sind uns, sobald wir in der höheren Welt leben, eine Erinnerung geworden. Und wie wir auseinanderhalten einen gegenwärtigen Standpunkt unseres Erlebens von einem längst verflossenen, so müssen wir auseinanderhalten dasjenige, was wir erleben in höheren Welten und dasjenige, was wir erleben auf dem physischen Plan. Denken Sie sich, es würde jemand, der vierzig Jahre alt ist, sich lebhaft erinnern an die Seelenstimmung, an die Fähigkeiten, die er hatte als achtjähriger Knabe, als achtjähriges Mädchen. Er würde ein Buch lesen und, während er als Vierzigjähriger liest, würde er mittendrin beginnen, sich so zu dem Buch zu verhalten, als wenn er acht Jahre alt wäre. Das wäre ein Durcheinandermischen der beiden Stimmungen der Seele, der beiden Seelenverfassungen, und Sie haben ein Analogon für das, was entsteht, wenn jemand vermischt seine Seelenverfassung für den physischen Plan mit dem, was seine Seelenverfassung sein muß für die andere Welt.

Dasjenige, was ich eben gesagt habe, hat natürlich durchaus nichts zu tun damit, daß jedem vorurteilsfreien Menschen verständlich ist das, was geschildert wird aus den höheren Welten, daß wir nicht bloß an das Geschilderte glauben müssen, sondern daß es uns verständlich sein kann, wenn wir wirklich vorurteilslos an es herangehen. Denn wenn jemand sagen würde: Wie kann man denn mit den Begriffen, mit den Gedanken und Vorstellungen des physischen Planes die höheren Welten schildern, da sie doch ganz verschieden sind von den Gedanken und Vorstellungen des physischen Planes? – so wäre ein solcher Einwand geradeso wertvoll, wie wenn jemand sagen würde: Ja, du willst in mir eine gewisse Vorstellung hervorbringen und schreibst mir auf «H-a-u-s». Da kann ich mir nichts dabei vorstellen. Willst du, daß ich mir etwas vorstelle, so mußt du mir ein Haus herantragen. – Aber wir charakterisieren doch auch eine physische Tatsache, ein physisches Ding durch etwas, was gar nichts mit der betreffenden Tatsache und dem Ding zu tun hat. Ebenso charakterisieren wir vollständig zutreffend durch das, was wir auf dem physischen Plan verstehen können, das, was Tatsachen des geistigen Planes sind. Was aber notwendige Konsequenz der in der heutigen Auseinandersetzung gegebenen Tatsachen ist, das ist, daß wir uns klarwerden: Wir können nicht mit den Begriffen und Vorstellungen, die wir gewöhnlich haben, verstehen dasjenige, was in der höheren Welt vorhanden ist, sondern wir müssen uns andere Begriffe, andere Vorstellungen wirklich aneignen. Wir müssen unser Vorstellungsleben bereichern, wenn wir die höheren Welten verstehen wollen. Das ist ungeheuer wichtig, daß wir aufmerksam sind auf die Tatsache: Sobald uns in ehrlicher Weise die höhere Welt dargestellt wird, muß der Darsteller wirklich unser Begriffsvermögen über die Alltäglichkeit hinausführen; er muß uns andere Begriffe geben, aber Begriffe, die durchaus verständlich sind auf dem physischen Plan.

Sehen Sie, darin liegt eine Schwierigkeit im Verstehen der eigentlichen Geisteswissenschaft, des wirklich ernst gemeinten Okkultismus, daß die Menschen sich so schwer bequemen, ihr Begriffsvermögen zu bereichern. Sie möchten mit den Begriffen, die sie schon haben, ohne neue Begriffe zu erzeugen, die höhere Welt, oder das, was aus ihr geoffenbart ist, verstehen. Es wird leicht in unserer materialistischen Zeit vorkommen, daß jemand, der von okkulten Welten spricht, einfach die Vorstellung erweckt, als ob diese okkulte Welt nur notwendig mache, daß man ein geistiges Feld anblickt, in dem ja die Gestalten etwas dünner, etwas nebuloser sind wie in der physischen Welt, aber doch ähnlich, nur nebelhaft zerflatternd. Das wird manchem unbequem erscheinen, daß von dem Okkultisten, der es ernst meint mit der Sache, verlangt wird, man solle nicht nur eine Anweisung annehmen, wie man einen Engel wahrnimmt, sondern man solle umdenken und für den Engel den Begriff anwenden: Du wirst von ihm angeschaut, er ruht mit seinem geistigen Blick auf dir. – Ich kann daher sagen: Mystische Entwickelung, was objektiv bedeutet Hinaufsteigen in die höhere Welt, ist untrennbar von einer Bereicherung, von einem Inhaltvollerwerden unserer Vorstellungen, unserer Empfindungen, unserer gesamten Seelenimpulse. Wir dürfen nicht so arm bleiben in unserem Vorstellungsleben, wie wir für den physischen Plan sein können, wenn wir die höheren Welten verstehen wollen.

Damit nach dieser Richtung, ich möchte sagen, eine okkulte Hilfe geschaffen werde, ergab sich die Notwendigkeit, in einem geradezu neuen Stil einmal den bescheidenen Bau aufzuführen, den wir unserer

Geistesrichtung in Dornach erbauen können. Dieser Bau ist natürlich durchaus nicht dasjenige, was uns etwa als das Ideal eines solchen Baues vorschweben könnte, er ist ein bescheidener Anfang, weil uns nur bescheidene Mittel zur Verfügung stehen, trotzdem unsere Freunde, eine geringe Zahl unserer Freunde, alles getan haben, was sie aus ihren Kräften heraus tun konnten zu diesem Bau.

Wenn wir die Baustile nehmen, die sich im dritten, im vierten und in unserem jetzigen fünften nachatlantischen Zeitraum bis jetzt ergeben haben, so sind sie dadurch charakterisiert, daß sie gleichsam in ihren spirituellen Impulsen haben dasjenige, was die Menschheit im Verständnis bis zu dem physischen Plan herunterführen sollte. Der ägyptische Baustil hat zunächst durch seine geometrische Form, durch seine Lapidarform den ersten Anstoß gegeben zum Herunterführen des menschlichen Geistes auf den physischen Plan. Der griechische und der römische Baustil, sie sind wie eine Vermählung der Seele und des Geistes mit dem Ätherkörper und dem physischen Leib, wie etwas, bei dem Seele und Geist auf der einen Seite, Ätherkörper und physischer Leib auf der anderen Seite sich, wie völlig im Gleichgewicht haltend, ineinanderfügen. Der gotische Baustil ist die erste Bestrebung, sich zu erheben in den aufsteigenden Spitzbogen und alledem, was dazugehört, von dem physischen Plan wiederum in die geistige Welt hinauf. Der nächste Fortschritt, der sich ergeben muß, wenn Geisteswissenschaft wirklich sozusagen gebaut vor uns dastehen soll, muß darin bestehen, daß wir lebendig machen das, was ich vorhin beschrieben habe als die lebende, webende Gedankenform selbst, die sich im Raume ergießt und sich im Raume ausgießt so, daß uns räumlich gegenübersteht, was die Imagination, die Inspiration aus der geistigen Welt heraus unmittelbar gibt. Daher sind alle Formen des Dornacher Baues so, daß man nirgends bei ihnen in materialistischer Weise fragen kann: Was gibt es für sie in dieser oder jener Welt für Symbole? –, sondern man muß sie als solche selbst nehmen, wie sie da sind, da sie nur, in den Raum hinausergossen, die unmittelbaren geistigen Erlebnisse selbst sind. Und es ist versucht, alles dasjenige, was geistig erschaut und empfunden werden kann, wirklich in die künstlerische Form aufzulösen. Fragt daher jemand: Was bedeutet diese oder jene Form? – so versteht er den Bau nicht, denn jede Form bedeutet nur sich selbst, wie die menschliche Hand oder der menschliche Kopf nur sich selbst bedeuten und nicht etwas anderes. Wir müssen es in demselben Augenblick als ein völliges Mißverständnis unseres Wollens auffassen in bezug auf unsere Stellung zum Okkultismus, wenn jemand auftreten würde mit einer solchen Frage. Denn glücklich werden wir uns schätzen, wenn wir den alten Unfug der Theosophen überwunden haben, der bei jedem Märchen, bei jeder Gestalt, bei jedem Mythus fragt: Was bedeutet dieses, was bedeutet das? – Unsere Formen sind alle real in der geistigen Welt, sie sind wirklich in der geistigen Welt vorhanden und bedeuten daher nur sich selbst und nichts anderes, sie sind keine Symbole, sondern geistige Realitäten. Sie finden, wenn Sie den ganzen Bau durchschauen, nirgends ein Pentagramm, nirgends die Form eines Pentagramms, nirgends die Veranlassung zu fragen: Was bedeutet diese oder jene Form? Höchstens ganz dezent angedeutet, könnte man an einer Stelle ein Pentagramm hineinsehen, aber nur mit demselben Recht, wie Sie in jeder fünfblättrigen Pflanze ein Pentagramm hineinsehen können. Und wenn uns jemand fragen würde: Was bedeuten unsere vierzehn Säulen – die nicht im Pentagramm erbaut sind, sondern aus ästhetischen Gründen fünfkantig sind –, was bedeuten sie, die Säulen, die einen großen Kuppelbau tragen, und die zwölf Säulen, die eine kleinere Kuppel tragen, was bedeuten diese Säulen? – Wenn uns jemand fragen könnte: Was bedeuten diese außer dem, daß sie eine in der geistigen Welt als solche wahrnehmbare Raumproportion bedeuten –, dann müßten wir die Gegenfrage stellen: In welcher Zeit des Materialismus leben wir heute, daß man selbst das spirituell Gewollte im Kleide des Materialistischen darstellen soll?

Unseren Bau wird man verstehen, wenn man sich herbeiläßt zu fragen: Was stellt er dar? – nicht: Was bedeutet er? Was ist er? – und nicht: Was symbolisiert er? – Und unseren Bau wird man verstehen, wenn man wissen wird, daß es am besten ist, keines der gebräuchlichen Worte anzuwenden, sondern um ein wenig dem Verständnis in unserer materialistischen Zeit aufzuhelfen, von alten Wortbildern abzusehen. Seien wir uns klar, daß die Geisteswissenschaft höchstens eine Synthesis anderer Religionen sein kann. Die alten Religionen haben Tempel

gebaut, die Geisteswissenschaft baut nicht einen Tempel, sondern dasjenige, was aus ihren eigenen Essenzen heraus selbst folgt; wofür es am
besten ist, erst nach und nach sich ein Verständnis zu bilden, statt daß
man bei dem Grundsatz bleibt, auch hier alte Worte auf dieses Neue
anzuwenden.

Meine lieben Freunde, eine Bitte sei ausgesprochen. Wir wissen sehr
gut, daß wir nur in der allerbescheidensten, in der allerelementarsten
und primitivsten Weise das erreichen können in Dornach, was uns vor-
schwebt. Aber um das eine möchten wir bitten: daß versucht werde,
wirklich aus der ganzen Gesinnung und dem Sinne unserer Geisteswissenschaft heraus diesen bescheidenen Anfang einer doch neuen Sache
zu begreifen – sonst möchte einem schier, ich möchte sagen, das Herz
abbrechen –, doch zu begreifen, was wirklich mit Opfern in diesem
bescheidenen Anfang erstrebt wird.

Mit großen Worten und pomphaften Redensarten ist genug auf
dem Felde dessen, was man als okkulte Bewegung bezeichnet, herum-
geworfen worden. Wir möchten das eine nur: daß man lernt zu sagen,
daß, selbst wenn in fünfzig Jahren nichts von den einzelnen Formen
bestehen kann, in der wir dieses oder jenes aussprechen, man sagen
möchte von unserer Bewegung: Das hatte sie in jeder Faser angestrebt:
grundwahr und grundehrlich zu sein. – Und je bescheidener, je einfa-
cher, aber dann vielleicht um so sachlicher das, was wir wollen, bespro-
chen wird, desto besser ist der Sache gedient. Jedes Wort und jede Be-
zeichnung zuviel oder gar von der Art, daß es hineinschlägt in die alte
bequeme Begriffsform, schadet unsäglich demjenigen, was wir – ver-
zeihen Sie das Wort – in ehrlicher Weise anstreben wollen. Wenn man
uns in dieser Weise versteht, dann wird vielleicht einigermaßen die
Stimmung hergestellt, die wir brauchen, wenn wir, frühestens im Dezember, wirklich in die Lage kommen sollten, ohne allen Pomp, ohne
alle Attitüden und äußeres Aufsehen unseren bescheidenen Bau zu eröffnen, denn die entsprechende Stimmung wird nur dadurch hervorgerufen, daß man wirklich nur auf das, was wir wollen, hinschaut,
gleichgültig auch wenn es keine Sensation in unserer materialistischen
Zeit erregt.

Nehmen Sie auch die letzten Worte, die ich gesagt habe, als herausgesprochen aus dem ernst gemeinten Geist unserer spirituellen Bewegung, als dasjenige, was notwendig ist unserer Seele, wenn diese spirituelle Bewegung wirklich Wurzel fassen soll in unserer Zeit. Und notwendig ist es, daß eine ehrliche spirituelle Bewegung, die in wahrhaftiger Weise das mystische Leben der Seele fördert und die Offenbarungen der höheren Welten möglich macht, daß eine solche spirituelle Bewegung sich hineinergießt in unsere materialistische Zeit. Dann, wenn unsere Freunde verstehen diesen Sinn, diese Gesinnung unserer spirituellen Bewegung, dann allein werden wir, aber auch nur dann allein, die Aufgabe, die uns von den weisen, führenden Individualitäten der Geisteswelt gestellt ist, erfüllen können.

Aufbauend auf demjenigen, was ich versuchte heute Ihnen auseinanderzusetzen, werde ich mir dann übermorgen erlauben, über den Fortschritt der Erkenntnis des Christus im Laufe der Zeiten zu sprechen und über die Stellung unserer Bewegung in der Christus-Frage.

DIE GEISTESWISSENSCHAFT ALS ZUSAMMENFASSUNG VON WISSENSCHAFT, INTELLIGENZ UND HELLSICHTIGER FORSCHUNG

Paris, 26. Mai 1914

Sprechen möchte ich heute von dem Gesichtspunkte aus, daß wir in der Gegenwart in einer Zeit leben, in welcher die menschliche Entwickelung es notwendig macht, daß die Erkenntnis des geistigen Lebens sich auf ähnliche Grundlagen stelle, wie sich vor drei bis vier Jahrhunderten die Erkenntnis der äußeren Natur gestellt hat. Geisteswissenschaft, wie sie hier gemeint ist, fühlt sich von dem Impuls durchdrungen, für den Geist und seine Erkenntnis etwas Ähnliches zu leisten, wie in ihrer Zeit für die Erkenntnis der äußeren Natur geleistet haben Persönlichkeiten wie *Kopernikus, Galilei, Giordano Bruno*. Derjenige, welcher sich von einem solchen Impuls durchdrungen fühlt, muß sich allerdings damit abfinden, daß in unserer Zeit die hier gemeinte Geisteswissenschaft Widerstände und Anfeindungen der gleichen Art erfährt, wie die angedeutete naturwissenschaftliche Erkenntnis und Vorstellungsart erfahren haben, und daß sich diese geisteswissenschaftliche Richtung ebenso langsam und unter ebensolchen Schwierigkeiten dem Kulturleben einverleibt wird, wie dies bei der anderen, ihr verwandten Richtung der Fall war.

Um dasjenige auszuführen, was von diesem Gesichtspunkte aus zu sagen ist, muß ich allerdings den Ausgangspunkt nehmen davon, daß die Quellen der Erforschung des geistigen Lebens in einer Verrichtungsweise des menschlichen Geistes liegen, die heute noch in weitesten Kreisen unbekannt oder wenigstens unbeliebt ist. Dasjenige, was man hellsichtige Forschung nennt, ist durchaus die Grundlage jener Geisteswissenschaft, von deren Gesichtspunkt aus ich heute abend zu Ihnen sprechen möchte.

Nicht nur dadurch, daß man Vorurteil über Vorurteil entgegenbringt demjenigen, was hellsichtige Forschung genannt werden kann, bringt man diese hellsichtige Forschung in Mißkredit. Auch der Umstand bringt sie in Mißkredit, daß mit dem Begriff, der Idee dieser hellsichtigen Forschung in der Gegenwart viel Mißbrauch getrieben wird. Deshalb will ich gleich von vornherein bemerken, daß ich allerdings nicht sprechen werde von dem Gesichtspunkt okkulter Erkenntnisse, wie sie so häufig heute scharlatanhaft angepriesen werden, sondern von jener hellsichtigen, okkulten Erkenntnis, zu der sich auch bekennen kann ein Mensch, der heute völlig auf dem Standpunkt ernster naturwissenschaftlicher Forschung steht und die Ergebnisse echter naturwissenschaftlicher Tatsächlichkeiten zur Grundlage seines Wissens macht. In bezug auf die innere Logik, in bezug auf die Art des Denkens, liegt die hier gemeinte Geisteswissenschaft durchaus in der Strömung darinnen, die durch die naturwissenschaftlichen Vorstellungen angeschlagen worden ist. In bezug auf das Gebiet, durch das Gebiet, das ihr obliegt, unterscheidet sie sich allerdings wesentlich von der Naturwissenschaft, denn die Naturwissenschaft bezieht sich auf das äußere Sinnesleben, auf die physischen Tatsachen der Umwelt, Geisteswissenschaft aber auf dasjenige Feld, das der Naturwissenschaft notwendigerweise verborgen bleiben muß, auf das Feld geistiger Erlebnisse und geistiger Wesenheiten. Deshalb ist es auch unmöglich, mit denjenigen menschlichen Fähigkeiten und Methoden, mit denen man in der Naturwissenschaft immer größere und größere Triumphe in den letzten Jahrhunderten gefeiert hat und in unserer Zeit feiert, das Feld der geistigen Tatsachen und geistigen Wesenheiten zu erforschen. Für die Erforschung der Natur werden in der Tat nur in Anspruch genommen diejenigen geistigen Kräfte und Fähigkeiten, die dem Menschen dadurch eigen sind, daß er in diese Welt in einer gewissen Weise hineingestellt ist und durch seine Mitmenschen in der normalen Weise für gewisse Fähigkeiten erzogen und angeleitet wird. Mit diesen angeborenen und anerzogenen Fähigkeiten, die vollständig ausreichen für die äußeren Wissenschaften, kann man keine Erkenntnisse für die geistige Welt gewinnen. Dazu ist notwendig, daß Fähigkeiten herausgeholt werden aus der menschlichen Seele, die im gewöhnlichen, im sogenannten normalen Menschenleben in den Tiefen des menschlichen Wesens gleichsam schlummern, ruhen, man könnte sagen, um einen wissenschaftlichen Ausdruck zu gebrauchen, latent sind. Alle die Anstrengungen und Methoden, die der Mensch sich auferlegt, um die äußere Tatsachenwelt zu durchforschen in der Weise, wie es ihm unmittelbar im Leben möglich ist, alle diese Anstrengungen verwendet er als Geistesforscher zunächst gar nicht zu einer Forschung, sondern dazu, die eigene Seele in eine solche Lage zu versetzen, daß die in ihr schlummernden Fähigkeiten und Kräfte für die spirituelle, für die geistige Welt zum Vorschein kommen, und erst nachdem sie durch die gewöhnlichen Menschenkräfte herausgeholt sind, für die Erkenntniskräfte der höheren Welt wirksam werden. Wir wenden zum Beispiel unsere Vorstellungen, die wir uns in der Seele bilden können, im gewöhnlichen Leben und in der gewöhnlichen Wissenschaft an, um uns Erkenntnisse der Außenwelt zu verschaffen. Dies kann man als Geistesforscher zunächst nicht tun. Da muß man anwenden sein Vorstellungsleben zu solchen Anstrengungen, die ganz im Innenleben verlaufen und die den Erfolg bezwecken, ganz andere Fähigkeiten zu entwickeln, als im gewöhnlichen Leben da sind. Ich möchte, um mich über diesen Punkt völlig verständlich zu machen, zu einem Vergleich meine Zuflucht nehmen, nicht um dadurch zunächst etwas zu beweisen, sondern um zu verdeutlichen, was ich gesagt habe. Ich möchte sagen, die Übereinstimmung der Geisteswissenschaft, wie sie hier gemeint ist, mit der naturwissenschaftlichen Vorstellungsart zeigt sich eben darin, daß diese Geisteswissenschaft versucht, durch eine Art geistiger Chemie einzudringen in die geistigen Welten. Wenn wir Wasser vor uns haben, so sieht man diesem Wasser nicht an, daß der Chemiker in die Lage kommt, dieses Wasser zu scheiden in Wasserstoff und Sauerstoff. Wasser ist flüssig, Wasser brennt nicht. Der Wasserstoff, den der Chemiker abscheidet, ist ein Gas, er brennt, er ist etwas ganz anderes. Das ist dasjenige, was ich zum Vergleich heranziehen möchte für einen Vorgang des geistigen Lebens, den ich gleich erörtern will. Wenn wir den Menschen im gewöhnlichen Leben vor uns haben, so haben wir in ihm vereinigt das Geistig-Seelische und das Leiblich-Physische, wie wir im Wasser vereinigt haben den Wasserstoff und den Sauerstoff. In dem, was ich nennen möchte «geistige Chemie», obliegt uns, das Geistig-Seelische abzutrennen von dem Leiblich-Physischen, wie auf physischem Gebiet der Chemiker abtrennt den Wasserstoff vom Wasser. Und es ist nur begreiflich, daß man ebensowenig aus der Betrachtung des gewöhnlichen Menschen eine Anschauung gewinnen kann über das Wesen des Geistig-Seelischen, wie man durch Anschauung des Wassers eine Ansicht gewinnen kann über das Wesen des Wasserstoffes.

Die Methoden, die angewendet werden, um wirklich in uns selbst – denn dieses geistige Experiment der geistigen Chemie können wir nur in uns selbst anstellen –, um das Geistig-Seelische in uns selbst von dem Physisch-Leiblichen zu scheiden, werden technisch bezeichnet als Konzentration und Meditation. Diese Meditation, diese Konzentration, sie sind nicht irgendwelche wunderbare geistige Verrichtungen. Sie sind nur aufs höchste gesteigerte geistige Verrichtungen, die auch in ihren niederen elementaren Graden im gewöhnlichen Leben vorkommen. Meditation ist eine ins Unbegrenzte gesteigerte Hingabe der Seele, wie wir sie etwa erleben in den schönsten Empfindungen des religiösen Lebens, und Konzentration ist eine ins Unbegrenzte gesteigerte Aufmerksamkeit, wie wir sie auch anwenden müssen in elementarer Weise im gewöhnlichen Leben. Im gewöhnlichen Leben bezeichnen wir als Aufmerksamkeit, wenn wir nicht schweifen lassen unsere Vorstellungen und unser Gefühlsleben in beliebiger Weise über die Gegenstände, die auf uns Eindruck machen, sondern wenn wir uns aufraffen, mit unserer Seele unser Interesse auf einen einzelnen Gegenstand besonders hinzulenken, ihn herauszuheben aus dem Feld unseres Wahrnehmens. Diese Aufmerksamkeit, sie kann ins Unbegrenzte gesteigert werden, namentlich dadurch, daß durch eine innere Willkür unserer Seele gewisse besondere Vorstellungen, welche durch die Geisteswissenschaft gegeben werden können, insofern sie besonders brauchbar sind, in den Mittelpunkt unseres Seelenlebens gerückt werden. Dadurch kann das ganze Seelenleben – mit Außerachtlassung alles übrigen, aller Sorgen und Bekümmernisse, aller Sinneseindrücke, aller Willensimpulse, aller Gefühle und alles Denkens –, kann der gesamte Umfang der Seelenkraft durch eine bestimmte Zeit hindurch einzig und allein auf diese, in den Mittelpunkt des Seelenlebens gerückten Vorstellungen gelenkt werden. Wir müssen dabei ins Auge fassen, daß es nicht darauf ankommt, die Seelenkraft auf den Inhalt desjenigen, was wir so in der Konzentration vor uns haben, zu lenken, sondern auf die Tätigkeit, auf die innere Aktivität und Verrichtung in der Entwickelung der Aufmerksamkeit, der Konzentrationsfähigkeit. Auf dieses Zusammennehmen, auf das Konzentrieren der Seelenkraft kommt es an. Und oftmaliges, je nach der individuellen Anlage des Menschen allerdings verschieden langes, oft monatelanges, jahrelanges, jahrzehntelanges Üben der Seele in dieser Konzentration, dieser konzentrativen Tätigkeit, ist notwendig, damit die Seele dazu kommt, innerlich sich zu erkraften, innerlich sich zu erraffen, um innerliche Kräfte zu entwickeln, die sonst schlummern in der Seele und die aus ihr hervorgeholt werden durch diese ins Unbegrenzte gesteigerte Aufmerksamkeit, durch die Konzentration. Und das dabei ganz besonders Notwendige ist, daß wir die Möglichkeit in der Seele heranentwickeln, zu fühlen, daß die Seele in der Tat durch die geschilderte innere Tätigkeit immer mehr und mehr dazu kommt, sich als geistig-seelisches Wesen loszureißen vom Physisch-Leiblichen. Dieses Losreißen, dieses geistig-chemische Abscheiden des Geistig-Seelischen vom Physisch-Leiblichen, geschieht in der Tat immer mehr und mehr mit der aufgewendeten Tätigkeit, die beschrieben worden ist. Ich kann in einem Vortrag, der kurz sein muß, nur dieses Prinzip der Konzentration andeuten. In aller Breite findet man ausgeführt die einzelnen Verrichtungen, die notwendig sind, um die Konzentration wirklich fruchtbar zu machen, in meinem Buche «Wie erlangt man Erkenntnisse der höheren Welten?», das ins Französische übersetzt ist unter dem Titel «L'Initiation».

Man gelangt durch Anwendung und Ausbildung der Methoden, die damit angedeutet sind, dazu, einen wirklichen inneren Sinn zu verbinden mit den Worten: Du erlebst dich jetzt als geistig-seelisches Wesen. Du bist in dir aktiv, ohne dich zu bedienen deiner Sinne, deiner Glieder. Du erlebst in dir, außerhalb deines Leibes. – Man hat einen gewissen fruchtbaren Punkt der Entwickelung erlangt, wenn man dazu gekommen ist, von außerhalb, von dem geistig-seelischen Erleben außerhalb des Leibes aus, die eigene Leiblichkeit, mit alledem, was in der physischen Welt an der eigenen Leiblichkeit hängt, außer sich, das heißt, außerhalb des Geistig-Seelischen wirklich anzuschauen, wirklich vor sich zu haben, wie man im physischen Leben einen Tisch, einen Stuhl vor sich hat. In der Regel kommt man zuerst dazu, auf diese Art die denkerischen Fähigkeiten, die Vorstellungsfähigkeit der Seele von den leiblichen Werkzeugen, nämlich von dem Nervensystem und dem Gehirn loszutrennen, so daß man lernt, im Denkerischen, im Vorstellungsmäßigen zu leben und sich dabei zu wissen außerhalb des Nervensystems und des Gehirns, die man sonst als Instrumente gebraucht im gewöhnlichen Leben, um zu denken, um vorzustellen.

Da ich nicht in Abstraktionen, sondern in konkreten geistigen Tatsachen sprechen möchte, sei das Folgende erwähnt. Die erste Erfahrung, die man machen kann bei dieser Entwickelung, ist in der Regel diese, daß man weiß: Du lebst denkend wie in der Umgebung deines eigenen Hauptes. Du webst und lebst, so wie du sonst, wenn du dich des Instrumentes des Gehirnes bedienst, in Gedanken lebst und webst, im Gedanklichen, aber du weißt ganz genau, dieses Leben und Weben im Gedanklichen ist jetzt außerhalb deines Hauptes. Und insbesondere jener Eindruck bleibt unvergeßlich – wenn man ihn einmal durchgemacht hat –, der Eindruck, den man empfängt davon, daß man, nachdem man eine Weile außerhalb des Hauptes sich verhalten hat, wiederum untertaucht in das Gehirn und das Nervensystem und nun fühlt, wie dieses Gehirn, dieses Nervensystem als Materielles Widerstand bieten, so daß man mit Gewalt untertauchen muß in das Physische mit dem, was aus dem Physischen zuerst heraus kam. Dieser Moment bleibt unvergeßlich, wenn ihn der Mensch einmal durchgemacht hat im Laufe seiner Entwickelung.

Loslösen kann man auf diese bisher geschilderte Weise von dem Physisch-Leiblichen nur die denkerische, die vorstellungsmäßige Tätigkeit, nicht aber das, was nun auch losgelöst werden muß zu wahrer Geistesforschung: die gefühlsmäßige Tätigkeit der Seele, die Tätigkeit im Willensimpuls der Seele. Um die gefühlsmäßige und die in Willensimpulsen verlaufende Tätigkeit der Seele loszulösen von dem Physisch-Leiblichen, dazu ist notwendig die unbegrenzte Steigerung dessen, was man Hingabe nennen kann. Die beste Vorstellung von dieser gesteigerten Hingabe, die man Meditation nennt, bekommen wir, wenn wir zum Vergleich heranziehen das menschliche Leben im Schlafe. Die Sinnesorgane sind abgelegt im Schlafe, die Sinnestätigkeit ruht, die Glieder sind regungslos; der Mensch ist im Schlafe hingegeben dem allgemeinen Weltenlauf; er mischt nicht in den Verlauf dieses allgemeinen

Weltenganges hinein dasjenige, was von seinem Ich, von seinem Denken, Fühlen und Wollen ausgeht. Er ist allerdings auch während dieser Schlafenstätigkeit unbewußt. Sein Bewußtsein hat sich aufgelöst in allgemeine Finsternis, in allgemeine Verdunkelung. Dasjenige nun, was der Schlaf durch die Notwendigkeit der allgemeinen Naturkraft für den Menschen herbeiführt, das muß für die Meditation willkürlich herbeigeführt werden, nur mit dem Unterschied, daß der Schlaf in Bewußtlosigkeit, diese gesteigerte Hingabe aber in gesteigerte Bewußtheit hineinführt. Durch Willkür muß es der Geistesforscher dahin bringen, daß alle seine Sinne schweigen; er muß ablenken können die Aufmerksamkeit aller Sinne von einem jeglichen Eindruck der Außenwelt. Er muß unterdrücken können, wie sie im Schlafe unterdrückt ist, die Tätigkeit der einzelnen Organe und der Glieder. Äußerlich, in bezug auf sein Leibliches, muß sich der Mensch verhalten lernen, wie er sich im Schlafe verhält, aber während er im Schlafe heruntersinkt zur Bewußtlosigkeit, erwacht er durch diese willkürliche, gesteigerte Hingabe in dem göttlich-geistigen Strom der Allkräfte. Er erwacht zu einer Bewußtheit, gegenüber der die alltägliche Bewußtheit ein Schlafen ist, wie sonst der Schlaf gegenüber der alltäglichen Bewußtheit. Wir gelangen, wenn wir genügend lange in Geduld und Ausdauer die Seele in der geschilderten Weise üben, dazu, eine andere innere Seelenfähigkeit wie geistig-chemisch loszulösen von der entsprechenden leiblich-physischen Tätigkeit. Wie wir durch die Konzentration die Denkkraft loslösen und sie dann nur im Geistig-Seelischen verlaufend haben, so lösen wir durch die Hingabe allmählich los diejenige Seelenkraft, die sonst in der menschlichen Sprache, im Gebrauch all der Werkzeuge, deren wir uns bedienen in der menschlichen Sprache, zur Anwendung kommt. Indem ich zu Ihnen spreche, wende ich eine geistig-seelische Kraft an. Diese geistig-seelische Kraft fließt, während ich hier physisch spreche, in die physischen Nerven und Sprachorgane hinein, gebraucht diese. Durch die genannten Übungen erlangt der Geistesforscher die Fähigkeit, durch vollständigen Stillstand des gesamten Sprachnerven-Apparates innerlich-seelisch dieselbe Kraft zu entfalten, ohne alle äußere Offenbarung dieser Kraft, die sonst durch die Sprache nach außen fließt. Man entdeckt dadurch in den Tiefen der Seele eine

Fähigkeit, von der das äußere Leben sonst nichts weiß, weil diese Fähigkeit im gewöhnlichen Leben verbraucht wird im Sprechen und im Gebrauch der Sprachorgane, und die sonst, wenn sie nicht gebraucht wird zum Sprechen, eben ruht in den Tiefen der Seele. In der Geistesforschung wird sie heraufgeholt aus den Tiefen der Seele. Sie wird gleichsam geistig-chemisch losgelöst vom physischen Sprechen. Lernt man leben und weben in dieser verborgenen sprachschöpferischen Tätigkeit, dann lernt man erkennen dasjenige, was man mit einem vielleicht nicht ganz zutreffenden Wort die Wahrnehmung des inneren Wortes, des geistigen Wortes, nennen kann. In dem Augenblick, in dem man in die Lage kommt, sich dieser verborgenen Kraft zu bemächtigen, kommt man auch in die Lage, mit dem Denken und Fühlen, das sonst nur an der eigenen Persönlichkeit haftet, herauszudringen aus sich selbst und einzudringen in eine geistige Welt, so daß man wahrnehmen lernt: Außer dir nimmst du jetzt wahr Fühlen und Wollen, so wie du sie sonst nur in dir wahrgenommen hast. – Das heißt, man beginnt auf dem Gebiete des Geistigen wollende, fühlende Wesen kennenzulernen. Erst muß das eigene Wollen und Fühlen untertauchen in die geistigen Wesen, dann nimmt man die geistigen Wesen wahr.

Halten wir fest, daß das Emanzipieren der Denkkraft vom Physisch-Leiblichen ein Anfang der hellsichtigen Betrachtung ist, daß die Loslösung des Denkens und Fühlens der Fortgang ist, dann wird begreiflich werden, daß wir wahrhaftige Erfahrungen, wahrhaftige Erlebnisse, die von Eindrücken anderer geistiger Wesen herrühren, nur dadurch erlangen können, daß wir mit unserer eigenen fühlenden, wollenden Seele aus unserem Leiblichen herausdringen und untertauchen in die geistige Welt, die rund um uns ist. Wie dieses Erleben in der geistigen Welt geschieht, das sei in einem konkreten Beispiel erläutert. Obwohl es bei den vielen Gegnerschaften, die Geisteswissenschaft in unserer Zeit noch hat, etwas gewagt ist, solche konkrete Beispiele anzuführen, so sei doch dieses Wagnis heute unternommen. Sie erlauben, daß dieses Beispiel angeführt werde aus der unmittelbar persönlichen Erfahrung, da ja diese Beispiele wohl diejenigen sind, die man am meisten beherrschen kann, weil man wirklich nur bei der persönlichen Erfahrung sozusagen in allen Einzelheiten unmittelbar dabei ist.

Vor einiger Zeit hatte ich auf dem Gebiete meiner eigenen Arbeit gewisse Aufgaben zu lösen. Ich wußte ganz genau, diese spezielle, diese besondere Aufgabe konnte ich nicht lösen mit den Fähigkeiten, die mir nach meiner persönlichen Anlage unmittelbar in diesem Menschenleben zu haben möglich sind. Die Aufgabe bezog sich darauf, die Geistesbeschaffenheit eines bestimmten Zeitalters im Verlauf der Menschheitsentwickelung nach bestimmten Richtungen hin genauer zu erkennen, zu durchschauen. Ich wußte genau, welche Aufgabe ich mir zu stellen hatte, allein ich bemerkte: Wenn du deine Gedanken noch so anstrengst, sie haben nicht die Tragkraft, zu durchschauen das betreffende Gebiet. – Es ist genau so, wie wenn man etwas heben will und die physische Kraft nicht hat, das betreffende Gewicht aufzuheben. So kann man an einen Punkt kommen, wo die Gedanken nicht die Kraft haben, um irgendeine Aufgabe wirklich zu durchschauen, um eine Frage zu lösen. In diesem Falle befand ich mich. Ich versuchte, durch meine eigene Tätigkeit mir die Aufgabe gedanklich möglichst klar vor die Seele zu stellen und den lebendigen Willen zu entwickeln, auf irgendeine Art zur Lösung zu kommen. Ich versuchte zu empfinden, im Gefühl lebhaft zu empfinden die besondere Schattierung und Art des betreffenden Zeitalters, soweit ich es schon konnte. Ich versuchte zu fühlen seine Größe, seine Farbe, versuchte mich mit der ganzen Persönlichkeit in das Zeitalter hineinzuversetzen. Und bei genügender Wiederholung dieser inneren Seelentätigkeit konnte ich verspüren das Eindringen fremden Willens und fremden Fühlens in den eigenen Willen, in das eigene Fühlen. Ich wußte, daß in den eigenen Willen, in das eigene Fühlen so wahr fremdes Fühlen, fremdes Wollen eindrangen, wie man wissen kann, wenn man einem äußeren Gegenstand gegenübersteht, daß man durch seinen Blick diesen äußeren Gegenstand nicht selbst schafft, sondern daß der Gegenstand den Eindruck auf einen macht.

Ich weiß sehr wohl, daß von dem Gesichtspunkte einer materialistischen Gesinnung aus jemand leicht sagen kann: Nun ja, so etwas ist eben eine Illusion, eine Täuschung. Der Betreffende weiß nicht, daß er eigentlich aus seiner Seele herausholt dasjenige, was er als einen fremden Einfluß empfindet. – Dasjenige, was notwendig ist, um auf diesem Gebiete sich keinen Illusionen, keinen Halluzinationen, keinen Phantasiegebilden hinzugeben, das ist wahrhaftige Selbsterkenntnis, ein Vordringen in der Selbsterkenntnis. Dann weiß man, was man kann und was man nicht kann, denn Selbsterkenntnis besteht vorzugsweise für den Geistesforscher darin, die Grenzen der eigenen Fähigkeit zu durchschauen. Wer solche Selbsterkenntnis in der Weise, wie sie in dem vorgenannten Buche angeführt ist, geübt hat, der kommt dazu, wirklich unterscheiden zu können dasjenige, was er in seinem eigenen Fühlen und Wollen, in seinem persönlichen Fühlen und Wollen vermag, und dasjenige, was in dieses persönliche Fühlen und Wollen von der geistigen Welt aus an fremdem Fühlen und Wollen hereindringt. Er kommt dazu, daß es ihm so absurd erscheinen würde, nicht unterscheiden zu können sein eigenes Fühlen und Wollen von fremdem Fühlen und Wollen, wie es ihm absurd erscheinen würde, wenn jemand sagte: Ich unterscheide nicht den Hunger vom Brot. – Wie jeder weiß, wo der Hunger aufhört und das Brot anfängt, wie man weiß, daß der Hunger das Brot nicht selbst erzeugt – obgleich es in sozialer Beziehung sehr zu wünschen wäre, daß es so sei –, so bringt es wahre Selbsterkenntnis dahin, unterscheiden zu können, worin gleichsam der Hunger des eigenen Fühlens und Wollens besteht, und was, wie dem Hunger das Brot, dem eigenen Fühlen und Wollen als fremdes Fühlen und Wollen entgegenkommt aus der geistigen Welt heraus, aus einer der physischen Welt unbekannten Welt heraus. Hat man so etwas herbeigeführt, wie das eben geschilderte Hereindringen fremden Fühlens und Wollens in das eigene Fühlen und Wollen, dann setzt sich im entsprechenden Augenblick dieses innere Zusammensein eigenen Fühlens und Wollens mit fremdem Fühlen und Wollen in entsprechender Weise fort. Und in meinem Fall erwies es sich, daß durch das innige Zusammengehen des eigenen Fühlens und Wollens mit dem als fremd erkannten Fühlen und Wollen nun die Gedanken befruchtet wurden und in meinem eigenen Vorstellen auftauchten – aber wie eine Gabe des fremden Fühlens und Wollens – die Gedanken, die das Problem lösten, das dahin ging, ein bestimmtes Zeitalter zu durchforschen, zu erkennen.

In einem solchen Verlauf tritt nun etwas auf in diesem geistigen Erleben, das in gewisser Weise entgegengesetzt ist einem ähnlichen Ver-

114

lauf in der Außenwelt. Wenn wir in der Außenwelt einer anderen Persönlichkeit begegnen, uns mit ihr zusammensetzen, so sehen wir sie zuerst, wir sprechen mit ihr, tauschen mit ihr die Gedanken aus. Bei dem geistigen Erlebnis, wie ich es geschildert habe, tritt das Umgekehrte ein: Man betrachtet in sich Gedanken, man hat das Gefühl, daß man mit fremdem Fühlen und Wollen beisammen ist, und das baut sich auf zur Wahrnehmung fremder geistiger Individualität, der man nun gegenübersteht als einer wirklichen, aber einer nur im geistigen Feld vorhandenen fremden Individualität. Man lernt sie allmählich erkennen. Man geht also vom Umgekehrten aus wie im äußeren Leben, man nähert sich der Persönlichkeit, die man so im fremden Fühlen und Wollen erreicht. Durch das Zusammensein mit ihr erreicht man sie selbst.

In dem geschilderten Fall ergab sich auf diesem Wege, daß das fremde Fühlen und Wollen, das befruchtend in die eigene Gedankenwelt einfloß, herrührte von einer Persönlichkeit, die mir gut bekannt war, und die vor etwas mehr als einem Jahr aus unserem Freundeskreis durch den Tod abgegangen ist. Und ich lernte erkennen, daß diese Persönlichkeit, die in verhältnismäßig jugendlichem Alter, in der Blüte der mittleren Lebensjahre verstorben ist, unverbrauchte Lebenskraft mit hinübergenommen hat in die geistigen Welten; und aus der Intensität der unverbrauchten Lebenskräfte rührte das Fühlen und Wollen her, das zusammensein konnte mit dem eigenen Fühlen und Wollen. Wir stellen uns vor, daß ein Mensch bis zu einem gewissen hohen Alter leben kann; er verbraucht bis zu diesem hohen Alter seine Lebenskraft. Stirbt er in verhältnismäßig jugendlichem Alter, so bleibt ihm die Kraft, die er hätte haben können, um ein höheres Lebensalter zu erreichen, gewissermaßen unverbraucht, und er kann sie von der geistigen Welt aus anwenden. In dem geschilderten Fall war es die durch einen frühen Tod unverbrauchte Lebenskraft, die durch das Verhältnis, in dem der Lebende zu dem Toten stand, die Möglichkeit herbeiführen konnte, daß der Lebende in die Lage kam, ein Problem zu lösen, zu dem er brauchte die Kraft des Toten, die Verbindung mit diesem Wesen, das ein Mensch war bis vor einem Jahr und dann durch den Tod in die geistige Welt eingegangen ist.

Dasjenige, was vorhin genannt worden ist «die Fähigkeit des inneren Wortes», das führt zu solchen Offenbarungen der geistigen Welt, die, wie sich in diesem Falle gezeigt hat, in der Offenbarung eines verstorbenen Menschen besteht. Dieselbe Fähigkeit dieses inneren geistigen Wortes macht es uns zugleich möglich, hinauszuschauen über das persönliche Leben, das zwischen Geburt und Tod, oder sagen wir, Empfängnis und Tod eingeschlossen ist. Sie bewirkt, daß man in der Lage ist, das volle, in der Unendlichkeit der Zeiten sich ausdehnende menschliche Leben, das in wiederholten Erdenleben verläuft, zu durchschauen, und zu durchschauen das Leben derjenigen, denen man so nahegetreten ist, wie eben in diesem Falle dem geschilderten Toten.

Lernt man durch die geschilderten seelischen Fähigkeiten den Menschen kennen, sei es den eigenen Menschen, sei es einen fremden Menschen, so ist das, was man kennenlernt, nicht bloß das physische Menschenleben, das zwischen Geburt und Tod eingeschlossen ist, sondern es ist der geistige Mensch, der sich selbst seinen Leib aufbaut, der lebt in wiederholten Erdenleben und zwischen Tod und neuer Geburt in einer geistigen Welt. Daraus wird es vielleicht ersichtlich sein, daß es in dem geschilderten Falle nun möglich war, weil der Tote als geistiges Wesen vor der eigenen Seele stand, etwas intimer hineinzuschauen in das geistig-seelische Wesen dieses Toten. Man lernt, wie gesagt, in umgekehrter Richtung kennen ein anderes Wesen, als wenn man es auf dem physischen Plan kennenlernt. Zuerst lernt man an dem, was man von ihm erfahren konnte, das geistige Zusammensein kennen, dann es selbst, aber auch als geistiges Wesen. Und es wird eine Wahrheit, was man nennen kann «den Eintritt in die geistige Welt». Um bei dem geschilderten Beispiel stehenzubleiben: es zeigte sich, daß die betreffende Persönlichkeit, die bekannt war dem Sprecher und seinen Freunden in diesem Leben, das in verhältnismäßig früher Jugend beschlossen worden ist, daß diese Persönlichkeit in einem früheren Erdenleben, einem Leben in den ersten christlichen Jahrhunderten, vieles aufgenommen hatte aus der damaligen christlichen Kultur, aber durch die Eingeschränktheit der Zeitkultur dazumal nicht alles verarbeiten konnte. Mit diesem Unverarbeiteten kam sie nun in dieses Leben hinein, dieses Unverarbeitete sprengte dieses Leben, blieb aber als Lebenskraft vorhanden, und die Gnade wurde dem mit der Persönlichkeit Verbundenen zuteil, gerade das Zeitalter nun zu durchschauen, von dem seine Aufgabe kam, das Zeitalter, in dem die betreffende Persönlichkeit in einem vorhergehenden Erdenleben gelebt hatte.

Mag ein großer Teil der Menschen der Gegenwart noch spotten über dasjenige, was eben jetzt geschildert worden ist, und über die Gesinnung, die in der geschilderten Weise in die geistige Welt hineinweist. Derjenige, der sich auf solchen Pfaden der geistigen Welt einigermaßen versucht hat, der weiß in einem solchen Falle, wo es ihm gelungen ist, dasjenige zu lösen, dasjenige zu erarbeiten, was er mit *seiner* Kraft nicht hatte erarbeiten können, daß ihm Wesen, und zwar ganz konkrete Wesen der geistigen Welt geholfen haben. Für ihn erweitert sich die Welt, weil er weiß, daß er dem Hunger nicht die Fähigkeit zuschreiben darf, das Brot zu erzeugen, weil er aus demselben Impuls weiß, wie in sein eigenes Vermögen die Kraft der Wesenheiten der geistigen Welt hineingedrungen ist. Wie sich so erweitert der geistige Blick des Menschen in das Feld der Toten hinein, so erweitert sich durch die Ausbildung der Methoden, die geschildert worden sind, der geistige Blick des Menschen über eine geistige Welt, die ebenso wirklich ist an konkreten Ereignissen und konkreten Wesenheiten, wie die physische Welt rings um uns herum wirklich ist.

Es wird einem heute noch zuweilen verziehen, im Allgemeinen von der geistigen Welt zu sprechen; man gibt zu, daß es hinter der Sinneswelt eine geistige Welt gibt. Das aber wird einem weniger verziehen, wenn man in der angedeuteten Weise von konkreten Wesenheiten der geistigen Welt spricht, denen man gegenübertritt wie den Wesen des Mineral-, des Pflanzenreiches, des Tierreiches und des Menschenreiches in der physischen Welt. Derjenige aber, der nicht zurückscheut, wirklich die in der Seele schlummernden Kräfte auszubilden, der weiß, daß es ebensowenig richtig ist, im Allgemeinen von dem Geiste zu sprechen etwa wie in einem verschwommenen Pantheismus, wie es richtig wäre, über die Natur zu sprechen so, daß man über eine Wiese geht und sagt nicht, indem man die Pflanzenwelt, die Blumen – hier ein Stiefmütterchen, dort eine Tulpe und so weiter – anschaut: Dies sind Blumen, das ist eine Rose, das eine Tulpe, das ist Gras –, sondern man sagt:

Das ist Natur und das ist Natur und das ist Natur, alles ist Natur, Natur, Natur. – Genauso ist es aber, wenn man in verschwommen pantheistischer Weise nur spricht von Geist, Geist, Geist. Wie wir in der konkreten Sinneswelt sprechen von den Einzelheiten, so lernt man die geistige Welt nur erkennen, wenn man die Möglichkeit sich verschafft, von den die geistige Welt bevölkernden einzelnen geistigen Wesenheiten und den Vorgängen, die sich zwischen diesen geistigen Wesenheiten abspielen, wirklich zu wissen.

Dasjenige, was am leichtesten und am bequemsten eingewandt wird gegen die mögliche Erkenntnis der geistigen Welt, das ist, daß man sagt, es widerspreche der Kraft eines wirklich intelligenten Verhaltens zur Außenwelt, wenn der Mensch sich einem solchen Phantasieren über die geistige Welt hingeben wolle. Allein man macht den Einwand, den man scheinbar mit Recht aus der Kraft der menschlichen Intelligenz herleitet, nur so lange, als man nicht die Wirksamkeit der Intelligenz, das heißt der Denkkraft des Menschen, durch geistige Forschung selbst erkennen lernt.

Gehen wir noch einmal zu unserem Beispiel zurück: Stellen Sie sich einen Menschen vor, der hier auf der Erde gewisse Gedanken entwikkeln will, deren Entwickelung ihm als Aufgabe gestellt ist. Er lernt gegenübertreten einer geistigen Wesenheit, in diesem Falle einem verstorbenen Menschen. Diese Wesenheit sendet ihr durch die geistige Welt verändertes Denken – man möchte sagen denkendes Wollen, fühlendes Denken – herein in das eigene Denken und Fühlen. Da, in dem auf der Erde lebenden Menschen, entstehen erst die Gedanken, die intelligenten Gedanken, die der Tote hervorbringen will aus eigener Kraft heraus. Man lernt erkennen, daß von dem, was auf der Erde ist, der Tote Fühlen und Wollen hat, daß er andere Fähigkeiten hat, seelische Fähigkeiten, die sich auf der Erde nicht entwickeln, daß er aber den Trieb als Toter hat, sein Denken und Fühlen mit menschlichen Gedanken zu verbinden. Daher verbindet er sich mit dem Erdenmenschen. Denn indem sein Denken, Fühlen und Wollen eindringen in den Menschen, werden Gedanken angeregt. Er erlebt sie mit, er konnte sie für sich allein nicht erleben. Dadurch wird die Kommunikation mit dem Erdenmenschen herbeigeführt. Allerdings ist ein solcher Verkehr mit einem geistigen Wesen und die Anregung der eigenen Gedanken nur möglich, wenn die Gedanken sich vorher in der früher geschilderten Weise emanzipiert haben von dem Nervensystem und von dem Gehirn, wenn sie außerhalb des Gehirns als Denktätigkeit sich entwickeln. Ein merkwürdiger Prozeß tritt ein: Indem man so das Denken emanzipiert von seinem Leiblichen, erlebt, fühlt man sich selbst so, wie wenn einem das eigene Denken entrissen würde, wie wenn es im Raume und in der Zeit sich ausweitete und ausbreitete. Das Denken, von dem wir sonst sagen: Es verläuft in uns –, identifiziert sich mit der umgebenden geistigen Welt, strömt in dieselbe hinein und erlangt gegenüber uns selbst eine Selbständigkeit, die wir vergleichen können mit der annähernden Selbständigkeit, die im physischen Leibe zum Beispiel das Auge hat, das als eine Art selbständiges Organ in seiner Höhle drinnensitzt. So ist das nun selbständige Denken zwar mit dem erhöhten Selbst verbunden, aber so selbständig, daß es wie das geistige Wahrnehmungsorgan für das Denken und Fühlen der anderen geistigen Wesenheiten wirkt, so wie das Auge für das Wahrnehmen der sinnlichen Farbe und des sinnlichen Lichtes wirkt. Man kommt allmählich dazu, zu sehen, daß sich das Denken, das sonst in der Intelligenz beschlossen ist, wie ein geistiges Wahrnehmungsorgan verselbständigt gegenüber unserer eigenen Wesenheit.

Ich kann das, was ich eben dargestellt habe, auch in anderen Worten sagen. Dasjenige, was man wirklich subjektiv erlebt, das, was die Intelligenz umschließt, das äußere Denken, sind schattenhafte Wesenheiten, eben Gedankenwesenheiten, bloß Gedanken, die abbilden äußere Wesenheiten. Indem das Denken hellsichtig wird, sich absondert von Gehirn und Nervensystem, beginnt es, innere Regsamkeit, Eigenleben zu entwickeln und strömt als eigenes Erleben in die übrige geistige Welt hinaus. Die Fühlhörner des Denkens – ich muß es etwas grob ausdrücken –, des hellsichtig gewordenen Denkens, strecken wir hinaus in die geistige Welt, und sie nehmen im Untertauchen wahr das fühlende Wollen, das wollende Fühlen der anderen Wesen, die um uns sind auf dem geistigen Felde.

Dasjenige, was gesagt worden ist über die notwendige Selbsterkenntnis auf dem Wege der geistigen Entwickelung – was ja begreiflich

macht, daß Bescheidenheit selbstverständlich ist –, solcher Selbsterkenntnis wird gestattet sein, über dieses hellsichtig entwickelte Denken
die folgenden Bemerkungen zu machen, und man wird diese Bemerkungen nicht als Unbescheidenheit hinnehmen. Indem innerhalb der
hellsichtigen Entwickelung das Denken lebendig wird, Selbständigkeit gewinnt, gelangt es auch dazu, wirklich technisch sichere und prä-
zise Handhabe werden zu können. Durch wahres Hellsehen wächst die
Präzision, die Treffsicherheit, die logische Kraft des Denkens, es wächst
die Möglichkeit, das Denken wirklich präziser und intimer den Sachen
angepaßt anzuwenden. Dadurch kommt es, daß die Intelligenz durch
das wahre Hellsehen praktischer ausgearbeitet wird, mehr durchorganisiert wird, und daß es dem Hellseher leicht ist, zu durchschauen die
Tragweite der Forschungsergebnisse der gewöhnlichen Wissenschaft,
während zu der gewöhnlichen Wissenschaft das plastizierte ... (Lücke
im Text) der Intelligenz notwendig ist, daher es begreiflicherweise so
ist, daß es der gewöhnlichen Wissenschaft unserer Tage nicht möglich
ist, die Ergebnisse der hellsichtigen Forschung zu durchschauen. Wahrhaftig, die Dinge stehen so, daß derjenige, der wahres Hellsehen entwickelt hat, die ganze Bedeutung und Größe der Errungenschaften der
Naturforschung durchschauen kann, und es kann in diesem Sinne nicht
gesprochen werden von einer Gegnerschaft der Geisteswissenschaft
gegenüber der gewöhnlichen Wissenschaft. Das Umgekehrte aber ist
begreiflich. Erst die hellsichtige Entwickelung organisiert die Kraft der
Intelligenz, macht sie innerlich selbständig, lebendig, durchschaubar.
Daher entzieht sich der äußeren materialistischen Erkenntnis die Möglichkeit, hineinzudringen in jene Logik, welche die Gewißheit gibt:
Hellsichtige Erkenntnis liefert wirklich die Anschauung der geistigen
Welt. Andererseits wird gerade aus dem angeführten Beispiel hellsichtigen Erlebens mit dem charakterisierten Toten vielleicht einleuchtend
sein, daß Intelligenz, daß Denken eine spezifische Eigenschaft ist der im
physischen Leibe lebenden Seelen, der Erdenmenschen; denn der Tote
hatte in unserem Falle selbst den Trieb, sich zu verbinden mit dem Erdenmenschen, damit das, was in ihm in ganz anderer, übersinnlicher
Weise lebte, die Gestalt von intelligenten Gedanken annehmen könne.
Der Tote dachte mit dem Lebenden zusammen seine Gedanken. Gleich-

120

sam im Kopfe des Lebenden steckte das Denken des Toten und das Denken des Lebenden miteinander. Das intelligente Denken ist vorzugsweise eine menschliche Eigenschaft. Dies sollte durch das Beispiel illustriert werden. Daher wird verständlich sein, daß durch die Kraft der Intelligenz, durch die Kraft des Denkens, die ja, weil sie spezifisch menschlich ist, im ureigensten Sinne im Erdenmenschen entwickelt werden muß, verstanden werden kann das Ergebnis der hellsichtigen Forschung auch von demjenigen, der selbst kein Hellseher ist. Aus meinen getanen Äußerungen geht hervor, daß das selbständig gewordene Denken gleichsam das geistige Auge wird für die Wahrnehmung der geistigen Außenwelt. Allerdings zeigt sich vor der hellsichtigen Forschung, die dieses geistige Auge zu dem, was hellsichtiges Denken ist, gebraucht, daß dieses geistige Auge ein aktives, ein tätiges ist, daß die geistigen Fühlhörner sich überall hin ausstrecken, während das physische Auge ein passives ist, das die Eindrücke passiv an sich herankommen läßt. Hat daher der Geistesforscher in seine Gedanken die Offenbarungen der geistigen Welt aufgenommen, dann leben sie in den Gedanken darinnen. Und versucht er dann dasjenige, was er sich bemüht hat, in seine lebenden Gedanken hineinzubringen, seinen Mitmenschen mitzuteilen, so ist es den Mitmenschen möglich, ihn zu verstehen, ihn zu begreifen, wenn sie sich diese Wege, ihn zu verstehen, nur nicht durch materialistische Vorurteile verlegen lassen.

Es gibt in der menschlichen Seele etwas wie eine innere, gewöhnlich stumm bleibende Sprache, die sofort wie ein Echo ertönen muß, wenn die Begriffe an die Seele herankommen, die der Geistesforscher gewinnt dadurch, daß er sich anregen läßt in seinem Wollen und Fühlen von der geistigen Welt und deren Wesenheiten. Und wenn die Menschen der Gegenwart sich etwas mehr befaßt haben werden – die Menschen der Zukunft namentlich – mit den Impulsen der Geisteswissenschaft, so werden immer mehr und mehr verstummen die Einwände von der Art, daß man etwa sagt: Ja, man muß glauben dasjenige, was der Geistesforscher aus der geistigen Welt heraus mitteilt, denn man kann es nicht begreifen. – Man wird erfahren, daß die menschliche Intelligenz in der Tat fähig ist, wohl zu verstehen, wohl zu begreifen das, was mitgeteilt wird aus der geistigen Welt heraus, allerdings nur, wenn es von der Art ist, daß es durch richtige geistige Erlebnisse, durch wahre geistige Erforschung aus dieser geistigen Welt herausgeholt ist. Und man wird erkennen, daß es nicht richtig ist, wenn man sagt, man sei als Mensch nicht veranlagt, mit seiner Intelligenz zu durchschauen, zu begreifen die Offenbarungen aus der geistigen Welt, man müsse sie auf Autorität annehmen. Man wird vielmehr verstehen lernen, daß diesem Begreifen und Verstehen nur hinderlich sein kann, das, was man nennt: Vorurteile haben. Und man wird immer mehr dazu kommen, ebenso zu den Mitteilungen aus der geistigen Welt zu stehen, wie man etwa zu den Ergebnissen der modernen Astronomie, Biologie, Physik und Chemie steht, auch wenn man kein Astronom, kein Biologe oder Physiker oder Chemiker ist, und dennoch hinnimmt durch dasjenige, was man natürliches Wahrheitsgefühl, natürlichen Wahrheitssinn, was man eine stumme Sprache in der menschlichen Seele nennen kann, dasjenige, was die Wissenschaften verkünden aus der physischen Welt.

Die Konkordanz zwischen Intelligenz und Hellsehen wird immer mehr und mehr hervortreten. Und dann wird man zugeben, daß man in der hellsichtigen Forschung wirklich etwas hat, was sich aus der gleichen Gesinnung heraus, aus der die wahre naturwissenschaftliche Forschung entspringt, erhebt in die Welt der geistigen Wesenheiten und geistigen Vorgänge. Wahrhaftig, der Moment wird eintreten in der modernen Kultur, der erinnern kann – und ich möchte sagen: für den Geistesforscher ist der Gedanke heute tröstlich, bei den vielen Gegnerschaften, die die Geisteswissenschaft heute noch findet –, der Moment wird eintreten, der erinnern kann an Giordano Bruno, der sich hinzustellen hatte vor seine Welt, hinaufblickend zum blauen Himmelsgewölbe, das die Menschen ja als das Wahrste für sie, als den Sinneseindruck kannten, der wahr sein mußte, der aber sagen mußte: Ihr seht das blaue Himmelsgewölbe nur aus dem Grunde, weil euer Sehvermögen bis dahin reicht. Ihr macht selbst diese Grenze, in Wahrheit aber breitet sich aus eine Unendlichkeit an Raumesweiten. Da droben die Grenzen, die ihr so genau seht, von denen euch der Sinnenschein so schön überzeugt, die macht ihr euch selbst durch die Beschränktheit eures Sehvermögens. – Man wird erkennen, daß der Geistesforscher sich heute und in Zukunft vor die Welt wird hinstellen müssen und sagen: Ebenso ist das Firmament da in bezug auf die Zeit, für die Zeit zwischen Geburt und Tod. Dieses zeitliche Firmament, man sieht es durch den Sinnenschein, man macht es aber in Wirklichkeit durch die Beschränktheit des menschlichen geistigen Schauvermögens, wie man früher machte das blaue Firmament des Raumes. Und wie jenseits des Raumesfirmamentes liegen unendliche Raumesweiten, so liegen jenseits des zeitlichen Firmamentes zwischen Geburt und Tod die zeitliche Unendlichkeit und eingebettet in sie die Unendlichkeit des eigenen geistigen Lebens, das Gemeinschaft hat mit dem übrigen geistigen Leben der Welt.

Kommen wird die Zeit, in der man einsehen wird, wie mit der hellsichtigen Forschung zugleich die Intelligenz sich vertieft und erkraftet in dem Menschen, und einsehen wird man, daß diese hellsichtige Forschung auch eine feinere und intimere Logik liefert. Vor solch besserem Urteil wird manches Urteil verstummen, das heute noch gegen Geisteswissenschaft – scheinbar mit Recht – erhoben wird, indem man sagt: Hat denn die Philosophie dieser oder jener Autoren nicht bewiesen, daß das menschliche Erkenntnisvermögen Grenzen hat? Und sind denn die Gründe, die die Philosophen für die Grenzen der Möglichkeit menschlicher Erkenntnis vorbringen, nicht schlagend? Sind sie nicht logisch? Will denn der Geistesforscher die schlagenden logischen Gründe dieser Philosophen für die Grenzen des möglichen Erkenntnisvermögens aus dem Felde schlagen? – Kommen wird die Zeit, wo man sich erheben wird über solche geringe Tragkraft und Treffsicherheit der menschlichen Logik, wo man zum Beispiel wissen wird, daß etwas richtig sein kann, unwiderleglich sein kann als Philosophie und doch durch das Leben völlig widerlegt wird. Es ist ja möglich – und den Vergleich werden Sie treffend finden –, es wäre ja möglich gewesen, bevor ein Mikroskop, ein Teleskop erfunden war, daß jemand sehr scharfsinnig nachgewiesen hätte, das menschliche Auge könne niemals eine Zelle sehen. Die Gründe für diese Behauptung hätten schlagend, treffend, unwiderleglich sein können. Dennoch hat das menschliche Vermögen das Mikroskop, das Teleskop konstruiert, die die Schlagkraft des menschlichen Auges vergrößert haben. Das Leben ist hinausgeschritten über die unwiderleglichen Beweise der Philosophen. Ebenso wird das Leben nicht zu widerlegen brauchen die Gründe, die dieser oder jener Philosoph angibt. Sie können unwiderleglich sein, aber das Leben in seiner Wirklichkeit muß über sie hinausschreiten, indem es das Erkenntnisvermögen erkraftet, indem es durch geistige Instrumente erkraftet die geistige Erkenntnis.

Daß diese Dinge heute nicht allgemein zugegeben werden, ist begreiflich bei dem Standpunkt der jetzigen Kultur und dem Glauben an die Unwiderleglichkeit der Beweise der Philosophen. Aber es wird eine höhere Logik geben in dem weiteren Verlauf der menschlichen Kultur als die, die in der Unwiderleglichkeit so mancher rein äußerlichen Philosophie besteht, eine höhere Logik des Lebens, das aber dann sein wird ein Leben im Geiste, eine Erkenntnis in geistiger Wissenschaft. Kommen wird die Zeit, in welcher man wahrhaftig nicht geringer schätzen wird die großen Verdienste für die Erforschung der äußeren Wissenschaft als heute, aber in der man erkennen wird, daß all das, was uns die herrlichen Errungenschaften der Naturwissenschaft gebracht haben, für das tiefere Leben der Menschen mehr Fragen liefert als Antworten. Derjenige, der hineinschaut in die einzelnen Zweige der modernen Wissenschaft, in Biologie, Astronomie und so weiter, der weiß, daß man am Ende dieser Wissenschaften steht. Denn geben einem diese Wissenschaften Antworten? Nein, sie werfen erst im richtigen Sinne die Fragen auf. Die Antworten aber werden kommen aus dem, was hinter dem ist, was äußere Wissenschaften erforschen können. Die Antworten werden kommen aus den Quellen der hellsichtigen Forschung.

Zusammenfassen darf ich das, was ich heute habe zu Ihnen sprechen wollen, in die Worte: Weiter ist die Welt als die bloße Sinneswelt, und der Geist steht hinter der Sinneswelt. Und für die Geistesforschung erschließt sich der Geist dem hellsichtigen Erkennen und macht die Sinneswelt, die uns in ihrer Herrlichkeit umgibt, erst in ihrer Göttlichkeit erkennbar für uns. Weit ist die Welt, und der Geist, er ist der notwendige andere Pol zur Sinneswelt. Und dasjenige, was der Mensch erstreben wird zur Erkenntnis der Gesamtwelt – so zeigt uns eine wirkliche Perspektive der menschlichen zukünftigen Kulturentwickelung –, es wird sein nicht einseitige Erforschung der Sinneswelt, nicht einseitige äußere Wissenschaft, wie heute viele glauben, sondern es wird sein ein Zusammenfassen von Wissenschaft, Intelligenz und hellsichtiger Forschung. Und in diesem Zusammenfluß werden die Menschen erst wahrhaftig sich selbst und ihren eigenen Geist verstehen und die Lösung der Welträtsel für die nächsten Zeitalter – immer nur in Beschränktheit können sie gelöst werden – erkennen und sich in dieser Erkenntnis erst befriedigt fühlen.

Für denjenigen aber, der den wirklichen Impuls der Geisteswissenschaft in seiner Seele aufgenommen hat, ergibt sich durch einen geistigen Blick schon heute bei zahlreichen Seelen gerade aus dem Geistesleben der Gegenwart heraus die Sehnsucht und der schon vorhandene Trieb, über das unmittelbar Sinnliche in der Wissenschaft hinauszugehen und gerade durch Anstrengung der Kräfte, welche die sinnliche Wissenschaft in den letzten Jahrhunderten erzeugt hat, durch innere Verarbeitung dieser Kräfte die Seele zu erkraften, zu erstarken, um hinaufzuleben in die geistigen Welten, aus denen doch nur die wahre Befriedigung für die Menschenseele fließen kann.

GLAUBEN UND WISSEN
JOHANNIFEST UND OSTERFEST

Notizen aus dem Vortrag, Prag, 17. April 1914

Sich bekanntzumachen mit den Ergebnissen der Geisteswissenschaft ist bei der reichlichen Literatur, die vorhanden ist, immer möglich, wenn die anthroposophischen Gruppen miteinander arbeiten. Da wir, wie jetzt, so beisammen sind, will ich einiges unmittelbar aus den Impulsen der geistigen Welt heraus Orientierendes besprechen, was mehr esoterisch anknüpft an dasjenige, was gestern mehr exoterisch im öffentlichen Vortrag gesprochen worden ist.

Es gibt heute noch viele Menschen, die an dem alten Gegensatz von Glauben und Wissen, Glauben und Erkennen festhalten. Sie sagen: Die Wissenschaft kann uns unterrichten über die Dinge der äußeren Welt, darüber kann man etwas Sicheres wissen. Mit den Dingen der geistigen Welt muß der Glaube uns in Zusammenhang bringen. – Dies ist, wie es scheint, im Widerspruch mit der Geisteswissenschaft, die ein wirkliches Wissen, ein Erkennen der geistigen Welt geben will. Gerade in dieser Form des Erkennens, des Wissens, muß sie hereindringen in die Seelen unserer Gegenwart. Unsere eigenen Seelen waren in einer früheren Inkarnation in einer ganz anderen Lage, als wir jetzt sind. Sie waren mehr primitiv, aber es gab damals große Individualitäten, und solche, die mit ihnen in Beziehung gestanden haben. Sie gaben Vorstellungen über die übersinnliche Welt. Wir finden das bei den einzelnen Stämmen und Völkern, was von diesen Individualitäten, wie *Hermes, Zarathustra, Moses, Buddha, Krishna* herrührt. Geistige Vorstellungen mußten den Seelen eingeflößt werden.

Wir leben auf dem physischen Plan. Das Leben auf dem physischen Plan ist nicht nur Mühe und Arbeit, sondern Abmühen und Abarbeiten. Und das meiste Mühen und Arbeiten ist durchaus nicht im Sinne des «nach des Tages Müh' und Arbeit», sondern im Sinne desjenigen, was unbewußt vor sich geht und das eigentlich bewirkt wird durch unser Denken, unser ganzes Seelenleben, wie es auf dem physischen Plan sich vollzieht.

126

Bei dem Kinde wirken die Kräfte unbewußt. Das Geistige ergreift den Organismus. Dieser wird durchorganisiert. Wenn wir geboren werden, sind wir einander viel gleicher, als wir unmittelbar meinen. Die Menschen gleichen sich nicht äußerlich, aber in der Struktur. Dann erst beginnt das Ausmeißeln, das Ausziselieren unserer Nerven. Das geht ohne unseren Verstand vor sich, geht vor sich, wenn wir diesen Verstand noch gar nicht handhaben können. Dann kommt die Zeit, wo wir beginnen, uns als ein Ich zu fühlen. Da hört die andere Weisheit auf, die wir von den Göttern, aus der geistigen Welt, mitbringen. In dieser ersten Zeit haben wir sozusagen nur Lebenskräfte; es ist nur ein Fortsetzen der geistigen Welt. Ein Kind, das da stirbt, stirbt nur durch äußere Gründe des Leibes. Es ist nicht mit der Seele daran beteiligt. Dann beginnt die Zeit, wo der Mensch anfängt, mit jedem Gedanken, mit jeder Empfindung zu zehren an der äußeren Organisation. Deshalb muß er in Schlaf versinken, als Ausgleich für das, was wir verzehren während des Taglebens. Würden wir nicht verzehren, würden wir ein sprossendes Leben haben. Der Ätherleib hat immer das Bedürfnis, zu sprossen und zu fruchten, aber der Astralleib hat das Bedürfnis, abzuzehren das, was der Ätherleib aufbaut. Er unterdrückt den Ätherleib. Während wir unbewußt im Schlafe sind, strömt ein aus den geistigen Welten das, was Ersatz schaffen kann für das, was abgezehrt wurde, was ertötet worden ist, damit es immer wiederum ausgeglichen werde. Der normale Schlaf gleicht immer nur soviel aus, als gerade weggezehrt worden ist. Würde der Mensch den Schlaf willkürlich verlängern, wie es mancher Rentner tun kann, würde er zuviel schlafen. Das ist kein Einwand gegen viel Schlaf. Gerade weil die geistige Arbeit viel zehrt an der physischen Organisation, braucht der geistige Arbeiter viel Schlaf. Aber zuviel Schlaf gibt zuviel neue Lebenskraft, die dann wuchert, richtig wuchert, so daß der Mensch strotzt von Lebenskraft. Solche überwuchernde Lebenskraft ist zugleich Krankheit, führt zu Krankheit selbstverständlich. Das, was der einzelne Mensch sich nun zuführen soll, damit er nicht nur ausgleicht die Arbeit des Tages, sondern geistig weiterkommt, das muß er bewußt aus der geistigen Welt herausholen. Die Religionsstifter konnten sich sagen: Mir ist auferlegt, zu führen, Lebenskraft aufzuzehren, das wird ausgeglichen. Was aber im Menschen sich entwickeln soll, damit die Menschheit weiterkommt, damit dasselbe nicht erstirbt im physischen Erdendasein, das muß bewußt aus der geistigen Welt herausgeholt werden. – Daher haben die Religionsstifter Vorstellungen gegeben, die sie aus der geistigen Welt herausholten. Diese wirklich geistigen Vorstellungen sind die Nahrung der Seele. Sie sind es allein, welche das wirklich Seelische im Menschen aufrechterhalten. Es bedeutete für die Seelen den Tod, wenn sie nicht leben könnten in solchen Vorstellungen, die nicht aus der physischen Welt entnommen wurden. Das waren in früherer Zeit die Glaubensvorstellungen. Dieser Zyklus ist bei der Menschheit abgelaufen, und wir leben jetzt in der Zeit, in welcher die Menschen auf dem physischen Plan immer weniger die Fähigkeit haben werden, aufzunehmen, was nur zu ihrem Gemüt, ihrem Glauben spricht. Man kann diesen Glauben noch für einige Zeit konservieren, sozusagen galvanisieren, aber nicht mehr für die Zukunft festhalten. Anstelle des Grundsatzes: Ich glaube –, muß kommen: Ich glaube, was ich weiß. – Das werden die Menschen schon fühlen, daß dieser Grundsatz gelten muß. Sonst verliert man alle Möglichkeit, noch etwas zu wissen von dem Leben zwischen dem Tod und einer neuen Geburt. Die Menschen würden in jammervolle Zustände in der nächsten Inkarnation zurückkommen. Alle Begeisterung für sonstige Ideale, die noch so sehr berechtigt sein können, ist gewiß sehr schön, sie muß da sein. Verglichen mit dem, was der Geisteswissenschaft zugrunde liegt, lassen sie sich aber nicht unmittelbar realisieren. Sie können nur Vorläufer der Geisteswissenschaft sein, aber ohne ihr Wissen.

In dem Geistesforscher bildet sich immer, wenn er vorrückt, das Bedürfnis heraus, nicht zu reden, sondern zu schweigen. Wenn er trotzdem spricht, ist es aus der Erkenntnis der Bedingungen, die der Zeit notwendig sind. Erkenntnis allein macht den Menschen frei, und Freiheit der Menschenseele zu erringen, ist gewiß die Aufgabe der Menschen in die Zukunft hinein.

Innerliche Vorstellungen, die große geistige Spannkraft gaben, kamen von den Religionsstiftern. Es waren Glaubensvorstellungen, die in wunderbarer Weise das Gebiet nach dem Tode erhellen konnten. Sie wandelten sich in echtes, wahres Geisteslicht, das den Menschen ihre

128

Umgebung post mortem zeigte. Aber Zeiten kommen, wo die Menschen in Freiheit werden leben müssen. Und wenn auch Religionsstifter kommen würden, die im Sinne der alten Glaubenslehren mit Götterstimme und mit Götterkraft reden könnten, die Menschen würden sie nicht mehr verstehen können. Wir haben es ja schon erlebt. Die äußere Wissenschaft ist gekommen, mußte kommen. Ein großer Wissenschafter unserer Zeit, *Max Müller*, sagte: Und wenn ein Engel heruntersteigen würde und würde den Menschen die Dinge von der geistigen Welt verkündigen, die Menschen würden ihn nicht verstehen können und niemals daran glauben. – Diese Entwickelung nimmt die Menschheit. Dann bliebe eigentlich nur das übrig, daß die Menschen verlören die Möglichkeit, überhaupt mit Vorstellungen sich zu durchdringen, die auf die geistigen Welten gehen. Das bedeutet aber, weniger Licht haben nach dem Tode, um die geistige Umwelt von sich aus zu beleuchten. Keine äußere Sonne beleuchtet uns dann die Außenwelt, das Licht muß von uns kommen. *Wir* stehen in der Sonne und beleuchten unsere Umgebung nach dem Tode. Menschen, die nicht leuchten, müssen nochmals herunterkommen und das Leben wiederholen, um Vorstellungen, die fruchtbar sind für das Leben nach dem Tode, aufzunehmen. Wenn man das durchschaut, wirkt nicht bloß die gewöhnliche Begeisterung für die Verbreitung der Geisteswissenschaft, die die Worte von der Zunge löst. Glauben, was man weiß –, das wird das Bedürfnis der kommenden Menschheit sein. In alten Zeiten waren die religiösen Vorstellungen, auch Mythen und Märchendichtungen das, was den Seelen Licht gab für die Geisteswelt. Es ist leicht zu sagen, die Mythen und Märchen sind Vorstellungen, die den Kindheitsstufen der Menschheit entsprungen sind. Gewiß haben die Menschen den Engeln nicht physisch gegenübergestanden, von denen die Mythen und Märchen gesprochen haben. Aber mit dem Nachdenken durch Philosophie ist in der geistigen Welt nichts anzufangen. Dieses Wissen hat keine Bedeutung in den geistigen Welten. Es ist leicht zu sagen, Märchen beruhen auf keiner Wahrheit. So gescheit ist der Geistesforscher auch immer gewesen, daß er gewußt hat, daß feurige Drachen nicht durch die physische Luft fliegen, aber gewußt hat er immer, daß die Imagination des feurigen Drachen zu bilden notwendig ist. Denn indem diese Vorstellung in der Seele ist, wirft sie Geisteslicht auf die geistige Welt. Kraftvorstellungen sind das. So sind alle Mythen beschaffen, weniger um äußerlich abzubilden, sondern um in der geistigen Welt wirklich leben zu können. Die Materialisten sagen: Mythen und Märchen entspringen der Kindheitsstufe der Menschheit. – Aber die Menschen wurden eben in ihrer Kindheit von Göttern unterrichtet. Die Mythen und Märchen gehen so in dieser Weise der Menschheitsevolution verloren, aber die Kinder sollte man nicht so aufwachsen lassen. Es ist ein großer Unterschied, ob man das Kind mit oder ohne Märchen aufwachsen läßt. Die die Seele beschwingende Kraft der Märchenbilder tritt erst später hervor. In einem Lebensüberdruß zeigt es sich später, wenn nicht Märchen gegeben wurden, in einer Langeweile. Ja sogar physisch kommt es zum Ausdruck, auch gegen Krankheiten können Märchen helfen. Was durch die Märchen hineingeträufelt wird, das kommt als Lebensfroheit, Lebenssinn später heraus, kommt als Möglichkeit, mit dem Leben fertigzuwerden, noch im spätesten Alter zum Vorschein. Es müssen die Kinder in ihrer Jugend, wo sie sie noch erleben können, erleben die Kraft des Märcheninhaltes. Wer nicht vermag mit Vorstellungen zu leben, die für den physischen Plan keine Wirklichkeit haben, der stirbt für die geistige Welt. Und viele Philosophien, die sich nur stützen wollen auf den physischen Plan, sind Sterbemittel für die Seele. Aus der äußeren Evolution werden die Sterbemittel für die geistige Welt. Die Menschheit muß kommen zu einem Urteil, das nicht gestützt ist auf Äußeres, sondern in sich selbst sich stützt. Immer mehr muß sie kommen zu dem: Ich glaube, was ich weiß.

Aber man wird lernen müssen, auf die Symptome des geistigen Lebens zu achten. Ein Beispiel soll hier gegeben werden. Als ich einmal in einer süddeutschen Stadt einen Vortrag hielt, kamen nachher zwei katholische Pfarrer zu mir, die sagten: Sie reden nur für die Gebildeten, wir aber sprechen für alle Menschen. – In Wahrheit ist das Gegenteil der Fall. Man kann Anthroposophie allen Menschen bringen, wenn man nur den Weg findet zu den einfachsten Gemütern. Viel besser würde der Bauer sie verstehen als der sogenannte Gebildete, wenn nur nicht der Weg durch die sozialen Verhältnisse verbaut wäre. Man muß bei solchen Dingen ganz von sich selbst absehen können, nicht fragen, was man selbst für das Richtige hält, sondern was die Menschenseelen einer gewissen Zeit fordern. So mußte ich den Priestern erwidern: Ihr Gefühl sagt Ihnen, Sie sprechen für alle Menschen, aber die Tatsachen sagen Ihnen, Sie sprechen nicht für alle Menschen, weil zu Ihnen nicht alle kommen. Und für die, die nicht zu Ihnen kommen, für die spreche *ich*.

Unser Wissen und unsere Erkenntnis eignen wir uns an auf dem physischen Plan durch den physischen Leib und den Ätherleib. Bedenken wir überhaupt einmal so recht gründlich, wieviel von dem, was in unserer Seele ist, von dem physischen Plan herkommt. Das Licht zum Beispiel kommt durch das Auge, der Prozeß, der sich da vollzieht, beginnt schon im Auge ein Zersetzungsprozeß zu sein. An der Hinterwand des Auges beginnt schon die Auflösung. Der Prozeß löst sich aus dem Leben heraus. Am Morgen, nach dem Schlaf, ist das Auge so hergestellt, daß es innen lauteres Leben ist. Durch das Wahrnehmen bildet sich aus dem lebendigen Gewebe etwas heraus, was nicht mehr lebt, sondern bloß noch mineralisch ist. Und dadurch, daß sich das fortsetzt durch das Nervengewebe, dadurch nehmen wir wahr, spiegelt sich, was von der äußeren Welt auf uns wirkt. So daß der physische Leib dadurch, als Träger dieser Prozesse, nichts Lebendiges ist.

Der Ätherleib ist der Träger der Gedanken, die auch Spiegelungen sind. Die Menschen würden leicht darauf kommen können, daß Gedanken Spiegelungen eines Übersinnlichen sind. Unter einem Mikroskop werden niemals Gedanken sich präparieren lassen. Gedanken leben in Wahrheit im Ätherleib. Es prägt sie das Denken aus, und das wird im physischen Leib gespiegelt. Daraus kann man ersehen, daß Erkenntnis, Wissen abhängt vom physischen Leib und Ätherleib. Zum physischen und Ätherleib sprechen nur die Eindrücke vom physischen Plan. Andere Vorstellungen aber müssen in der Menschenseele Platz greifen. Sie müssen auch den astralischen Leib ergreifen, das ganze Fühlen und Wollen und das Denken, das nicht nur auf dem physischen Plan sich erschöpft. Der Mensch bleibt sonst innerlich tot. Alle Vorstellungen, die etwas abbilden, haben nur Bedeutung für den physischen Plan. Schon die Frage: Ist eine Vorstellung berechtigt, die nicht etwas abbildet? – besagt das. Allein die Vorstellungen, die frei im Geiste leben, die frei leben im astralischen Leib und im Ich, mit denen erkennt man nicht nur, sondern man lebt mit ihnen. Das sind Vorstellungen, die nicht nur etwas abbilden, sondern die innerlich regsam, lebendig sind, die etwas aus sich und aus uns machen.

In der Kunst herrscht heute der Naturalismus. Es ist sehr notwendig, sich einmal mit alten Zeiten bekanntzumachen, wie Seelenvorstellungen da waren, die die Vorstellungen des astralischen Leibes in Aktion brachten. Was nur Äußeres abbildet, hat keine Bedeutung für die geistige Welt. Wir müssen uns wieder durchdringen mit neuen Vorstellungen, die wieder bedeutungsvoll die Seele durchdringen können. Oft glaubt man etwas zu haben, was nur in der Phantasie lebt, von dem man meint, daß es wirklich Phantasie ist. Es ist aber oft nur eine Reminiszenz von dem, was vom physischen Plan herkommt. Nur indem wir die Vorstellungen beleben mit dem, was nicht vom physischen Plan herkommt, was nicht durch solche Phantasie gegeben werden kann, beleben wir wieder, was sonst erstirbt in der Seele.

Es wird immer mehr Mißbrauch getrieben mit dem Spruch: In einem schönen Leib wohnt eine schöne Seele, in einem gesunden Leib eine gesunde Seele. – Das war ein Ausspruch für die Erkenntnis früherer Zeiten, heute wird er als ein Kausalausspruch betrachtet: Jemand hat einen gesunden Leib, also kann ich daraus schließen, daß darin eine gesunde Seele wohnt. Was diesen Leib gesund macht, macht es auch die Seele.

Schon in der Kindheit werden die Menschen später mineralische Einschlüsse haben, werden sie als Krankheitsursachen mitschleppen, wenn sie nicht Vorstellungen entwickeln werden, die den astralischen Leib innerlich regsam erhalten. Sonst würde der Mensch nach dem Tode eintreten in eine geistige Welt, die ihm unklar bleibt, weil er selber kein Licht ausstrahlt. Die Sonne fällt auf eine Fläche, und davon hängt es ab, daß wir die Dinge sehen. In der geistigen Welt aber erstrahlt das Licht von uns aus, wir beleuchten das Feld, das wir sehen sollen. Die Seele, die Geisteswissenschaft zu pflegen den Trieb hat, ist sich vielleicht nicht dieser Verhältnisse bewußt, aber in den Untergründen der Seele lebt es. So wie in der physischen Welt das Sonnenlicht von außen kommt, so muß in der geistigen Welt der Mensch sich selbst sonnenhaft machen. Das geistige Brennmaterial, die innere Flamme, die die geistige Welt beleuchtet, müssen wir in uns entzünden, um die Welt zu beleuchten. Es träumen die Physiker davon, daß das Rot der Rose nur Wellenbewegung sei, auf Schwingungen zurückzuführen sei. Man sagt, es gäbe keinen Schall da draußen, sondern nur Luftschwingungen. Was ich als Schall empfinde, lebt nur in meinem Ohr. Ein einfaches Experiment kann uns aber eines anderen belehren: Wenn wir uns nämlich aufwecken lassen durch Klopfen an der Tür. Wenn der Mensch aufmerksam ist, wird er bemerken, daß er noch nicht bewußt war während der Nacht, als er noch schlief, dann aber schon selber in dem Klopfen darinnen war. Wir müssen in die Klopflaute selber hineingehen, wir benützen den anderen als Klopfer, weil unsere Seele nicht selbst klopfen kann. Hätten wir den festen Entschluß, aufzuwachen, dann könnten wir es selbst tun, so benützen wir den anderen nur als ein Mittel.

Werden die materialistischen Auffassungen noch einige Generationen anhalten, so wird wirklich das Rot der Rose verschwinden. Die Menschen werden wirklich die kleinen grauen Atome draußen sich schwingen sehen, als Atomwirbel, nicht weil der Mensch sie sehen muß, weil sie da sind, sondern weil er sich selber dazu bereitet hat, sie zu sehen. Das ist es, was notwendig macht, Geisteswissenschaft zu verkündigen, daß nicht nur physische Atomwirbel in der Zukunft bloß da sein werden. Wir reden auch nicht von dem physischen Äther, sondern von demjenigen Äther, der lebendiges Gedankenwesen ist. Das muß zuerst erkannt werden, daß in der Rose nicht Atome wirbeln, sondern daß Lebendes, Webendes, aber wirklich lebende, webende Elementarwesen hinter der Rose stehen. Die Theorie von der geistigen Welt ist Nebensache, die Hauptsache ist, daß die Empfindung sich zusammendrängt, daß wir uns fühlen lebend und webend in dieser für uns neu erwachten Empfindung der Realität der geistigen Welt. Das ist das Auferstehen der geistigen Welt in unserer Seele, das wahrhafte, interkonfessionelle Osterereignis.

Unsere Vorfahren brauchten ein anderes Ereignis, das geknüpft war an den Hochstand der Sonne. Wenn die ganze Natur sprießend und sprossend war, dann war das eine Ekstase für sie, wodurch ihnen die geistige Welt bekräftigt wurde. Was man damals im Johannifest durchlebte, das muß jetzt im Frühling zu Ostern, erlebt werden. Jetzt müssen wir Erwachen der Seele, Auferstehen der Seele feiern können, wenn Geisteswissenschaft zu uns spricht, nicht nur als Theorie, sondern als lebendiges Wissen.

HINWEISE

Von den Vorträgen aus den Jahren 1913/14, die in der Bibliographie unter den Nummern 150, 152 und 154 aufgeführt sind, wurden jene über das Thema «Vorstufen zum Mysterium von Golgatha» in einem Band (Bibl.-Nr. 152) unter diesem Titel zusammengefaßt.

Die übrigen Vorträge, vermehrt um einige wenige andere aus dieser Zeit, erscheinen nun in der Gesamtausgabe in zwei Bänden: in Bibl.-Nr. 150 «Die Welt des Geistes und ihr Hereinragen in das physische Dasein», und im vorliegenden Band Bibl.-Nr. 154. Sie bieten in vieler Hinsicht Ergänzungen zu dem Band «Okkulte Untersuchungen über das Leben zwischen Tod und neuer Geburt» (Bibl.-Nr. 140), namentlich in bezug auf die konkrete Einwirkung der Toten in die Welt der Lebenden.

Der Vortrag vom 17. April 1914, von dem nur eine notizenhafte Nachschrift vorliegt, wurde an den Schluß des Bandes gestellt.

Folgende Vorträge sind in Zeitschriften erschienen:

Berlin, 26. April 1914 in «Das Goetheanum» 1930, 9. Jg. Nrn. 15–16,
Basel, 5. Mai 1914 im Nachrichtenblatt «Was in der Anthroposophischen Gesellschaft vorgeht» 1935, 12. Jg. Nr. 33 (Schluß des Vortrages).

Einer Angabe von Rudolf Steiner gemäß sind an den sachlich in Betracht kommenden Stellen die Ausdrücke «Theosophie» und «theosophisch» durch «Geisteswissenschaft», «Anthroposophie», «geisteswissenschaftlich» und «anthroposophisch» ersetzt.

Die in den Vorträgen genannten *geschriebenen* Werke von Rudolf Steiner sind alle innerhalb der Gesamtausgabe erschienen. Siehe die Übersicht am Schluß des Bandes.

zu Seite

28 *Peter Rosegger*, 1843–1918, österreichischer Schriftsteller.

Hans Brandstetter, österreichischer Bildhauer. S. Rudolf Steiner: «Mein Lebensgang» 7. Auflage Dornach 1962, S. 128.

Robert Hamerling, 1830–1889, österreichischer Dichter und Philosoph.

jene Verse gewidmet hat: «An B (ertha)», gedichtet im Stiftinghaus (s. Hinweis zu S. 32) am 18. Juni 1889, drei Wochen vor seinem Tode. Letztes Gedicht Hamerlings. Aus «Letzte Grüße aus Stiftinghaus» siehe – wie alle erwähnten Werke Hamerlings –: «Hamerlings sämtliche Werke», Leipzig 1893 in 16 Bänden, herausgegeben von Michael Maria Rabenlechner (hier weiter erwähnt unter H. s. W.) Band 15, S. 90.

29 *der Dichter des «Ahasver»:* Siehe H. s. W. Band 3.

30 *«Persönliche Bitte»:* Aus «Letzte Grüße aus Stiftinghaus», H. s. W. Band 15, S. 91.

31 *Er schrieb an Rosegger:* Brief vom 11. Juni 1888, abgedruckt in Peter Rosegger «Persönliche Erinnerungen an Robert Hamerling», Wien 1891, S. 177.

32 *in sein kleines Sommerhäuschen:* Das Stiftinghaus, wo Hamerling starb und wo er aufgebahrt war.

«Atomistik des Willens»: Hamerlings philosophisches Werk, Hamburg 1891.

33 *So schreibt er:* «Die schönste Gegend der Erde», H. s. W. Band 16, S. 134.

34 *schildert er in der folgenden Weise:* «Stationen meiner Lebenspilgerschaft», H. s. W. Band 16, S. 17.

Jakob Böhme, 1575–1624. Siehe «Schriften Jakob Böhmes. Mit der Biographie Böhmes von Abraham von Franckenberg», Leipzig 1920 in § 11 dieser Biographie.

35 *wegen der Verarmung der Eltern:* «Stationen meiner Lebenspilgerschaft», H. s. W. Band 16, S. 45.

da fragten die Leute, ... was er denn werden wolle: «Die Leute haben noch immer die schlechte Gewohnheit mich zu fragen ‹was ich werde›. Nun, ein Mensch will ich werden!...» H. s. W. Band 14: Lehrjahre der Liebe. Tagebuchblätter und Briefe. Eintragung unter dem 13. April 1851.

36 *daß die Griechen das Weltall mit «Kosmos» benannt haben:* Wörtlich: «Der Grieche nannte das Weltganze ein Schönes (Kosmos)»: «Atomistik des Willens», Hamburg 1891, Band II, S. 226; auch H. s. W. Band 16, S. 274.

41 *«Löwe und Rose»:* Aus «Letzte Grüße aus Stiftinghaus», H. s. W. Band 15, S. 34/35.

42 *aus unserer Dornacher Bauarbeit:* Die Arbeit am Bau des ersten Goetheanum in Dornach. Im Jahre 1913 begonnen, wurde es in der Silvesternacht 1922/23 durch Brandstiftung zerstört.

53 *ist ein sehr lieber Freund von uns verstorben:* Der Dichter Christian Morgenstern, 6. Mai 1871 bis 31. März 1914.

eine wunderbare Ausführung: Christian Morgenstern, «Alles um des Menschen Willen – Briefe», Brief vom 22. Januar 1914 an ein junges Mädchen, S. 398, Verlag Piper & Co., München 1962.

55 *das werden seine Dichtungen zeigen, die jetzt im Druck sind:* «Wir fanden einen Pfad», Erstveröffentlichung Herbst 1914 im Piper-Verlag, München.

59 *Ich habe einiges schon letzthin im Vortrag ... angedeutet:* Öffentlicher Vortrag, Berlin 26. März 1914 «Homunkulus», gedruckt in «Geisteswissenschaft als Lebensgut», Bibl.-Nr. 63, Gesamtausgabe Dornach 1959.

Verachte nur Vernunft: Freie Wiedergabe nach Goethe, «Faust» I, Studierzimmerszene.

60 *der dem Bau zugrunde liegt:* Siehe Hinweis zu S. 42.

64 *Johann Gottlieb Fichte,* 1762–1814, Philosoph.

«Nicht erst, nachdem ich aus dem Zusammenhange»: Aus «Die Bestimmung des Menschen», Drittes Buch: Glaube. Abschnitt III, Berlin 1800.

65 *«Reden an die deutsche Nation»*, Berlin 1808, Vorlesungen in Berlin im Winter 1807–1808.

«Die Anweisungen zum seligen Leben», Berlin 1806. *«Zu dem Abdruck derselben»*, aus dem Vorwort dieser Vorlesungen in Berlin 1806.

69 *was im letzten Vortrag gesagt worden ist:* Im Vortrag vom 18. April 1914, dem ersten Vortrag in diesem Bande.

70 *zu unserem Bau:* Siehe Hinweis zu S. 42.

in unseren Mysterienspielen: Die vier Mysteriendramen Rudolf Steiners, die in München in den Jahren 1910 bis 1913 unter seiner Leitung zum ersten Male aufgeführt wurden. «Vier Mysteriendramen», Bibl.-Nr. 14, Gesamtausgabe Dornach 1962.

71 *waren wir besucht von einer Persönlichkeit:* Die Schauspielerin Maria von Strauch-Spettini, 1847–1904. Siehe Hella Wiesberger: «Aus dem Leben von Marie Steiner-von Sivers», Dornach 1956, S. 135 ff. (kurze Lebensskizze von Maria von Strauch-Spettini und Briefe von ihr an Marie von Sivers).

71/72 *als die Aufgaben in München dann an uns herantraten:* Siehe Hinweis zu S. 70.

73 *des letzten Gedichtbandes:* Siehe Hinweis zu S. 55.

73 *Als ich Ende vorigen Jahres in Leipzig über diese Dichtungen sprach:* Am 31. Dezember 1913 während des Zyklus «Christus und die geistige Welt. Von der Suche nach dem heiligen Gral», in Anwesenheit des Dichters. Abgedruckt im Band «Die Kunst der Rezitation und Deklamation», Bibl.-Nr. 281, Gesamtausgabe Dornach 1967, S. 208–210.

was ich ... vor längerer Zeit einmal aussprach: Konnte bis jetzt nicht ermittelt werden.

75 *Raffael,* 1483–1520.

Leonardo da Vinci, 1452–1519.

78 *Wir wollen ... in Dornach ... den Anfang machen:* Siehe Hinweis zu S. 42.

79 *jetzt in dieser Weise durch die Zeitungen geht:* Unter anderen der Pariser «Matin»: «En quel temps vivons-nous? Un temple colossal s'élève à la gloire de l'occultisme.» «Le nouveau temple à la science de l'esprit.»

82 *unser vorjähriges Zusammensein:* Siehe «Die Welt des Geistes und ihr Hereinragen in das physische Dasein», Bibl.-Nr. 150, Gesamtausgabe Dornach 1972, Vortrag vom 5. Mai 1913. Von den Vorträgen vom 4. und 9. Mai 1913 in Paris sind keine Nachschriften erhalten.

86 *eine uns sehr liebe, uns freundschaftlich zugetane Persönlichkeit:* Siehe Hinweis zu S. 71.

87 *Edouard Schuré*, französischer Schriftsteller. «Die Kindes des Lucifer» wurden in München am 22. August 1909 in deutscher Sprache unter der Leitung von Rudolf Steiner aufgeführt. Siehe Rudolf Steiner/Edouard Schuré, «Lucifer. Die Kinder des Lucifer», Dornach 1955, S. 41–196.

89 *Jungfrau von Orleans*, 1412–1431.

93 *ein tiefer, intimer Dichter:* Siehe Hinweis zu S. 53.

Da die Zeit kurz ist, die verflossen, seitdem diese Persönlichkeit den physischen Plan verlassen hat: Christian Morgenstern war am 31. März des gleichen Jahres gestorben.

100 *den bescheidenen Bau aufzuführen:* Siehe Hinweis zu S. 42.

103 *unseren Bau zu eröffnen:* Siehe Hinweis zu S. 42. Infolge des Ausbruches des Ersten Weltkrieges 1914–1918 konnte der Bau erst im Jahre 1920 nahezu vollendet werden. Eine feierliche Eröffnung kam durch die Brandkatastrophe (siehe Hinweis zu S. 42) nicht mehr zustande. Eine vorläufige «Eröffnungshandlung» fand statt bei der ersten Veranstaltung im Bau, beim «Ersten anthroposophischen Hochschulkurs» vom 27. September bis 16. Oktober 1920, am Vorabend des Kurses (26. September 1920). Siehe dazu «Grenzen der Naturerkenntnis», Bibl.-Nr. 322, Gesamtausgabe Dornach 1969, S. 128.

104 *werde ich mir übermorgen erlauben ... zu sprechen:* Vortrag vom 27. Mai 1914, enthalten in «Vorstufen zum Mysterium von Golgatha», Bibl.-Nr. 152, Gesamtausgabe Dornach 1964.

105 Der Anfang des Vortrages, welcher in der Nachschrift nicht festgehalten wurde, ist eine Bitte um Entschuldigung, daß der Vortrag in deutscher Sprache gehalten wird.

Nikolaus Kopernikus, 1473–1543, Astronom.

Galileo Galilei, 1564–1642, italienischer Physiker, Begründer der modernen Naturwissenschaft.

Giordano Bruno, 1548–1600, italienischer Philosoph, Mitbegründer der monernen Weltanschauung; endete auf dem Scheiterhaufen der Inquisition.

109 «*L'Initiation*, ou comment acquérir la connaissance des mondes supérieurs», Editions Triades, cinquième édition, Paris 1965.

113 *Vor einiger Zeit hatte ich ... gewisse Aufgaben zu lösen:* Die hier vorliegenden Aufgaben – die Erforschung geisteswissenschaftlicher Fakten im 4. Jahrhundert – wurden von Rudolf Steiner weiter verfolgt und dargestellt in folgenden Publikationen: im Vortrag vom 9. Mai 1914 (Gedenkworte für Oda Waller), abgedruckt in «Unsere Toten», Bibl.-Nr. 261, Gesamtausgabe Dornach 1963, im Vortrag vom 26. Mai 1914 in vorliegendem Band; im Vortrag vom 23. März 1921 in «Naturbeobachtung, Mathematik, wissenschaftliches Experiment und Erkenntnisergebnisse vom Gesichtspunkte der Anthroposophie», Bibl.-Nr. 324, Gesamtausgabe Dornach 1972; im Vortrag vom 31. August 1923 in «Initiations-Erkenntnis», Bibl.-Nr. 227, Gesamtausgabe Dornach 1960; im Vortrag vom 5. April 1924 in «Esoterische Betrachtungen karmischer Zusammenhänge» Band V, Bibl.-Nr. 239, Gesamtausgabe Dornach 1963.

115 *herrührte von einer Persönlichkeit:* Oda Waller, die Schwester von Mieta Pyle-Waller (der Darstellerin des Johannes Thomasius in den Aufführungen der Mysteriendramen in München). Siehe die Ausführungen namentlich vom 9. Mai 1914 in «Unsere Toten», siehe Hinweis zu S. 113. Sie starb im März 1913.

122 *Giordano Bruno,* siehe Hinweis zu S. 105.

126 *mehr exoterisch im öffentlichen Vortrag:* In «Wie findet die Menschenseele ihre wahre Wesenheit?», Prag, 16. April 1914.

Hermes, Begründer der ägyptischen Kultur.

Zarathustra, Religionsstifter der altpersischen Kultur. Siehe u. a. Rudolf Steiner: «Die Geheimwissenschaft im Umriß», Bibl.-Nr. 13, Gesamtausgabe Dornach 1968, S. 279 ff.

Buddha, ca. 560–480 v. Chr.

Krishna, indischer Weisheitslehrer. Siehe «Die okkulten Grundlagen der Bhagavad Gita», Bibl.-Nr. 146, Gesamtausgabe Dornach 1962.

129 *Max Müller,* 1823–1900, Orientalist, Sprach- und Religionsforscher. Professor der Philologie in Oxford.

Und wenn ein Engel heruntersteigen würde: Wörtlich: «Es soll ein Wechsel, eine Veränderung stattfinden, und zwar ein Wechsel, eine Veränderung so gewaltiger Art, daß selbst, wenn Engel herunterkommen und uns davon erzählten, wir es nicht verstehen könnten, so wenig wie ein neugeborenes Kind verstände, was wir ihm in unserer Sprache von den Dingen dieser Welt erzählen würden.» – «Leben und Religion», Stuttgart o. J.

130 *Als ich einmal in einer süddeutschen Stadt einen Vortrag hielt:* Colmar, 21. November 1905 «Die Weisheitslehren des Christentums im Lichte der Theosophie» (keine Nachschrift).

132 *in einem gesunden Leib eine gesunde Seele:* «mens sana in corpore sano»: Juvenal, ca. 60–127 n. Chr., römischer Satiriker, Zehnte Satire, Vers 356.

RUDOLF STEINER GESAMTAUSGABE

A. SCHRIFTEN

I. *Werke*

Einleitungen zu den Naturwissenschaftlichen Schriften Goethes (1883/97)

Grundlinien einer Erkenntnistheorie der Goetheschen Weltanschauung (1886)

Wahrheit und Wissenschaft (1892)

Die Philosophie der Freiheit (1894)

Friedrich Nietzsche, ein Kämpfer gegen seine Zeit (1895)

Goethes Weltanschauung (1897)

Die Mystik im Aufgange des neuzeitlichen Geisteslebens
und ihr Verhältnis zur modernen Weltanschauung (1901)

Das Christentum als mystische Tatsache und die Mysterien des Altertums (1902)

Theosophie. Einführung in übersinnliche Welterkenntnis
und Menschenbestimmung (1904)

Wie erlangt man Erkenntnisse der höheren Welten? (1904/05)

Aus der Akasha-Chronik (1904/08)

Die Stufen der höheren Erkenntnis (1905/08)

Die Geheimwissenschaft im Umriß (1910)

Vier Mysteriendramen (1910/13)

Die geistige Führung des Menschen und der Menschheit (1911)

Anthroposophischer Seelenkalender (1912)

Ein Weg zur Selbsterkenntnis des Menschen (1912)

Die Schwelle der geistigen Welt (1913)

Die Rätsel der Philosophie in ihrer Geschichte als Umriß dargestellt (1914)
erweiterte Neuausgabe des Werkes: «Welt- und Lebensanschauungen
im neunzehnten Jahrhundert» (1900/1901)

Vom Menschenrätsel (1916)

Von Seelenrätseln (1917)

Goethes Geistesart in ihrer Offenbarung durch seinen «Faust»
und durch das Märchen «von der Schlange und der Lilie» (1918)

Die Kernpunkte der sozialen Frage in den Lebensnotwendigkeiten
der Gegenwart und Zukunft (1919)

Aufsätze über die Dreigliederung des sozialen Organismus
und zur Zeitlage 1915–1921

Kosmologie, Religion und Philosophie (1922)

Anthroposophische Leitsätze (1924/25)

Grundlegendes für eine Erweiterung der Heilkunst nach geisteswissenschaftlichen Erkenntnissen (1925). Von Dr. Rudolf Steiner und Dr. Ita Wegman

Mein Lebensgang (1923/25)

II. *Gesammelte Aufsätze*

Aufsätze aus den Jahren 1882–1902
Aufsätze aus den Jahren 1903–1908
Aufsätze aus den Jahren 1911–1925

III. *Veröffentlichungen aus dem Nachlaß*

Wahrspruchworte, Fragmente, Entwürfe, Briefe und Aufzeichnungen

B. VORTRÄGE

I. *Öffentliche Vorträge*

II. *Vorträge vor Mitgliedern der Anthroposophischen Gesellschaft*

Vortragszyklen und Vorträge allgemein-anthroposophischen Inhalts
Vorträge zur Geschichte der anthroposophischen Bewegung
    und der Anthroposophischen Gesellschaft

III. *Vorträge und Kurse zu einzelnen Lebensgebieten*

Vorträge über Kunst: Eurythmie, Sprachgestaltung, Musik,
    bildende Künste und Kunstgeschichte
Vorträge über Erziehung
Vorträge über Medizin
Vorträge über Naturwissenschaft
Vorträge über das soziale Leben und über die Dreigliederung
    des sozialen Organismus
Vorträge für die Arbeiter am Goetheanumbau

> Das Vortragswerk umfaßt annähernd 6000 Vorträge,
> von denen zum größten Teil Nachschriften vorliegen.

C. REPRODUKTIONEN UND VERÖFFENTLICHUNGEN AUS DEM KÜNSTLERISCHEN NACHLASS

> Die Bände sind nicht numeriert, jedoch in den einzelnen
> Gruppen einheitlich ausgestattet. Sie sind einzeln erhältlich.

———

Rudolf Steiner. Das literarische und künstlerische Werk
Eine bibliographische Übersicht 1961/1966